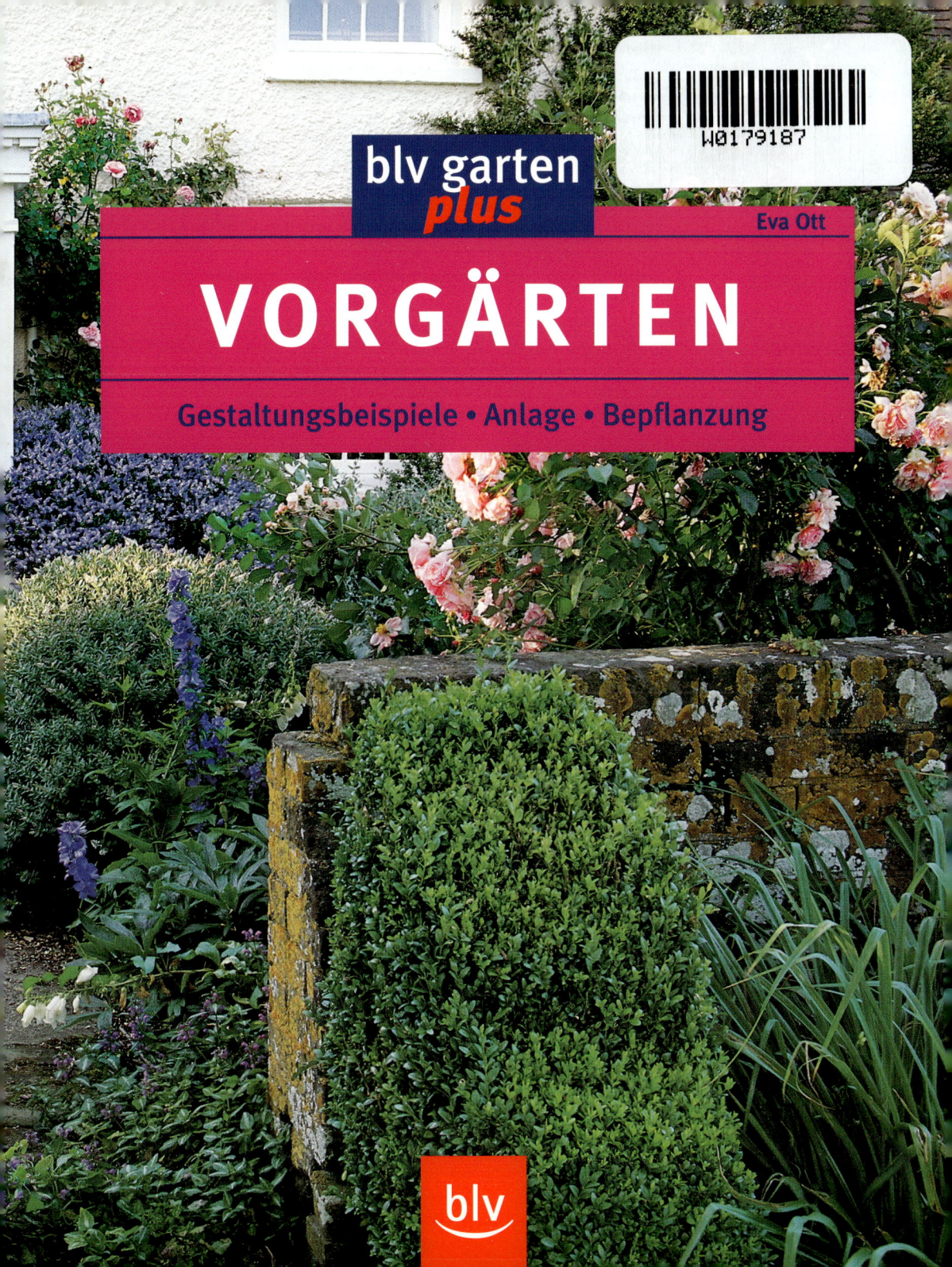

blv garten **plus**

Eva Ott

VORGÄRTEN

Gestaltungsbeispiele • Anlage • Bepflanzung

blv

Inhalt

Die Gestaltung beginnt mit der Planung   7

Der Vorgarten – Tor zum Haus, Spiegel der Bewohner ...   7
Gut geplant ist halb gebaut   7
Gut zu wissen: behördliche Vorgaben   9
Das richtige Planungswerkzeug   10
Mit kleinen Tricks clever planen   12
Beobachten, Rat einholen und Fehler vermeiden   16
Mögliche Problemzonen   17
Dekoratives und Nützliches   23
Umgestaltung alter Gärten   24

Ideen und Inspirationen   27

Vom Gehweg in die Wohnung   27
Sehr kleine Vorgärten — Herausforderung und Chance ..   29
Mittelgroße Vorgärten   33
Große Vorgärten mit Gartenanbindung   36
Vorgärten am Hang   39

Etwas ganz Besonderes – der Themengarten   43

Der Weiße Garten   43
Ein Blättergarten im Schatten   45
Ein Heidegarten   46
Ein wenig unnahbar: der Kiesgarten   48
Wandelbarer Topfgarten   49
Seit Jahrhunderten: Kräuter und Gemüse vor dem Haus   51

Vom Plan zur Wirklichkeit   53

Gute Planung spart Geld und Nerven   53
Und nun ans Werk!   54

Wege, Zufahrten und Plätze 56

Das Verlegen von Platten 56

Schnell gebaut und schön: gepflasterte Flächen 59

Klinker, warm und wohnlich 61

Ein Hauch von Urlaub: Fliesen und Terrakotta 62

Die grüne Variante: Rasengittersteine 63

Holz als Wegebelag 63

Viel zu selten: zeitlose Kieswege 64

Verschiedene Beläge, geschickt kombiniert 65

Gestalten mit Treppen 66

Stufenarten für jeden Zweck 68

Variationen mit Mauern 70

Pergola, Rankgerüst und Carport 73

Umfriedung und Zaun 76

Die Bepflanzung des Vorgartens   81

Grundlagen einer gelungenen Begrünung 81

Schritt für Schritt zum Pflanzplan 81

Schatten ist nicht gleich Schatten 83

Umwelteinflüsse und Kleinklima 83

Zum Thema Farbe 84

Die beste Pflanzzeit 86

Bäume und Sträucher im Vorgarten 87

Rasen, Blumenwiese oder Bodendecker? 88

Gestalten mit Hecken und Formschnittgehölzen 88

Dürfen in keinem Garten fehlen: Stauden 90

Zwiebel- und Knollenpflanzen für Frühling
    und Sommer 91

Bezugsquellen und Adressen   92

Die Gestaltung beginnt mit der Planung

Ein hübsch gestalteter Vorgarten, und sei er noch so klein, wirkt wie ein Magnet. Der Blick folgt dem Weg zur Eingangstür, man verlangsamt den Schritt und wird fast ein wenig neugierig, wer hinter diesem freundlichen Entree wohl sein Zuhause hat.

Der Vorgarten – Tor zum Haus, Spiegel der Bewohner

Vergleichen Sie in Ihrem Verwandten- und Bekanntenkreis einmal Garten, Inneneinrichtung des Hauses und Menschentyp – Sie werden staunen, wie vieles zusammenpasst: Eine Vorliebe für verspielte Accessoires im Vorgarten setzt sich meist im Haus fort. Geteerte Einfahrten, streng geschnittene Hecken hingegen, begleitet von geradlinigen, akkuraten Rabatten, spiegeln häufig große Ordnungsliebe – und auch ein wenig vielleicht fehlende Fantasie. Wuchern dagegen Wildblumen und frei wachsende Blütensträucher um

◄ Dass sich schon auf kleinstem Raum pfiffige Ideen verwirklichen lassen, beweist dieser außergewöhnliche, einfach zu bauende Vorgarten. Einladend und pflegeleicht macht das tägliche Benutzen dieses Kleinodes Spaß und verbreitet gute Laune.

die Wette, nehmen wahrscheinlich auch die Bewohner des Hauses nicht alles so genau. Schaukeln und Sandkasten lassen auf Kleinkinder, der Basketballkorb über dem Garagentor auf Nachwuchs im Teenageralter schließen.
Interessant ist auch zu beobachten, wie viele alte Reihenhaussiedlungen allmählich ihr Gesicht verändern. Herrschte vielleicht über Jahrzehnte eine wenig abwechslungsreiche Einheit vor, so kehren mit dem Zuzug junger Familien häufig wieder Farbe und Leben in Häuser und Gärten ein. Oft wird anfangs nur die alte Haustüre gegen eine attraktivere ausgetauscht, doch dann erhält nach und nach auch der Vorgarten ein neues Gesicht.
Wie Sie Ihr »Tor zum Haus« einladend gestalten können, zeigen die Beispiele in diesem Buch, die Ihnen Hilfestellung geben und ihre Fantasie und Kreativität anregen sollen.

Eine ruhige Komposition in Blau mit der Eingangstüre als Star.

Gut geplant ist halb gebaut

Ob es sich nur um einen kleinen Eingangsbereich oder ein großes Hanggrundstück handelt – Schnellschüsse bringen nur selten den erhofften Erfolg. Nehmen Sie sich Zeit, betrachten

Aus diesem kleinen Vorgärtchen hätte sich mehr machen lassen! Bereits ein hübsch geschwungener Weg am Kanaldeckel vorbei könnte mehr Harmonie in den Vorgarten bringen.

Platz finden. Das Tonnenhäuschen sollte möglichst bei jedem Wetter in Hausschuhen erreichbar und der Gartenzaun so beschaffen sein, dass Bello nicht ausreißen kann.

Es werden also viele Stunden vergehen, bis ein Kompromiss gefunden ist, mit dem die ganze Familie leben kann. Aus diesem Sammelsurium aus Ideen einen gelungenen Vorgarten zu gestalten, ist zwar nicht einfach, aber mit etwas gutem Willen und unter Berücksichtigung einiger Tipps und Tricks aus diesem Buch durchaus machbar. Dazu kommt die Frage nach den Kosten und dem handwerklichen Geschick innerhalb der Familie.

Da der mit viel Eigeninitiative gebaute Vorgarten mit seinen Bewohnern mitwachsen und alt werden soll, ist bereits bei der Planung ein Blick in die Zukunft ratsam: Die jungen Bäume werden im Lauf der Jahre zu stattlichen Gehölzen heranwachsen, bunte Stauden später dort blühen, wo jetzt die Kinderschaukeln stehen, der Sandkasten wird einem Wasserbecken Platz machen, und schützenswerte Wiesenkräuter dürfen den abgenutzten Rasen erobern – bis die Enkelkinder wieder Einzug halten.

Sie Ihren Vorgarten immer wieder von allen Seiten und zu jeder Tageszeit, machen Sie sich Notizen und beziehen Sie die ganze Familie mit ein.

Bereits beim Anfertigen der ersten Skizzen können sich Ihnen kleine und große Hürden in den Weg stellen. Denn abgesehen von absolut bindenden Vorgaben werden innerhalb der Familie viele Wünsche angemeldet, mit deren Erfüllbarkeit man

sich auseinander zu setzen hat. Junior braucht Platz für eine Tischtennisplatte, die Kleinen wollen eine Spiellandschaft mit Schaukel und Rutsche, und Mutter möchte eine kleine sonnige Ecke zum Anbau von Kräutern und Gewürzen. Vater lehnt die Anlage eines Rasens im Vorgarten ab, weil den sowieso keiner mäht, dafür soll ein praktischer Unterstand für Fahrräder und Kinderwagen

Gut zu wissen: behördliche Vorgaben

Manchmal sind dem Tatendrang jedoch vom Gesetz her Grenzen gesetzt. So schreibt zum Beispiel der **Bebauungsplan** in der Regel fest, wo die Garage zu stehen hat, welche Höhe und Beschaffenheit der Zaun haben darf, welche Bäume und Sträucher gepflanzt werden müssen oder nicht verwendet werden dürfen, welche Grenzabstände bei Bäumen, Sträuchern und Hecken einzuhalten sind usw. Jedes Bundesland hat sein eigenes **Gesetz über das Nachbarschaftsrecht,** und jede Gemeinde darf für ihre Bebauungsgebiete den passenden **Bebauungsplan** aufstellen, nach dem sich die Bürger zu richten haben.
Selbstverständlich können auch Ausnahmen genehmigt werden, etwa dann, wenn sich Nachbarn darüber einig sind, ihre Vorgärten gemeinsam ohne trennenden Zaun zu gestalten, mit gemeinschaftlichem Tonnenhäuschen und dem Hausbaum auf der Grundstücksgrenze. Hier sollte jedoch alles, was von den gesetzlichen Regelungen abweicht – dazu zählen der Grenzabstand von Gehölzen zum Nachbarn hin, das Gerätehäus-

chen und der Carport –, schriftlich festgehalten und eventuell von der Gemeinde genehmigt werden. Schnell kann aus einer jahrelang gut funktionierenden Gemeinschaft eine nicht mehr zu kittende Feindschaft werden oder eines der Grundstücke zum Verkauf anstehen; daher ist es gut, alles schriftlich vermerkt und mit Unterschrift besiegelt zu haben.

Auch bei Umgestaltung nachfragen

Auch Vorgärten, die schon viele Jahre alt sind und um- oder neu gestaltet werden sollen, unter-

liegen gesetzlichen Richtlinien. So kann man in der Regel nicht einfach den neuen Zaun einen Meter höher bauen als der alte war, eine zweite Garage errichten oder einen großen Baum fällen, ohne sich nach der örtlichen Baumschutzverordnung oder einer eventuell nötigen Baugenehmigung erkundigt zu haben. Und grenzt eine alt eingewachsene Hecke das Grundstück zum Nachbarn hin ab, sollte man sich zuerst mit diesem besprechen, bevor man die Hecke entfernt – schließlich würde dessen Garten ja plötzlich auf einer Seite »nackt« dastehen.

Schade, dass sich die beiden Nachbarn zu keiner gemeinsamen Lösung zusammengefunden haben, zum Beispiel einem hübschen Hausbaum auf der Grundstücksgrenze.

Das richtige Planungswerkzeug

Als erstes benötigen Sie einen genauen Grundriss, zum Beispiel im Maßstab 1:50, das heißt, 1 m in Wirklichkeit entspricht 2 cm auf dem Papier. Mit Hilfe von Meterstab, Schnur, Winkel und Messlatte (für die Ermittlung von Gefälle nötig) können Sie in Ihrem Vorgarten alle erforderlichen Maße genau ermitteln.

Die exakten Umrisse Ihres Grundstückes von Haus, Garage und anderen festen Einbauten übertragen Sie dann am besten auf im Schreibwarenhandel erhältliches **Millimeterpapier.** Notieren Sie alle Längs- und Höhenmaße, zeichnen Türen und Fester ein und vermerken, wo Norden ist. Dieses Blatt benutzen Sie als Unterlage für alle **Entwürfe,** die

Sie auf **Transparentpapier** zeichnen. Wie Sie die Details planen, erfahren Sie ab Seite 53, wie Sie einen Pflanzplan erstellen, ab Seite 81.

Die ersten Schritte

• Zeichnen Sie den Grundriss des Vorgartens möglichst groß auf einen Karton, zum Beispiel im Maßstab 1:10. Lassen Sie alle Familienmitglieder die von ihnen für notwendig erachteten Gegenstände (Schaukel, Tischtennisplatte, Hausbaum, Fischteich, Kaninchenstall, Gerätehäuschen, Fahrradständer usw.) maßstabsgetreu aus Papier ausschneiden, und legen Sie dies alles in Ihrem Karton-Vorgarten aus. Viele leidige Diskussionen erübrigen sich auf diese Weise schnell, denn auf sehr anschauliche Art werden die Dimensionen und Möglichkeiten im Vorgarten aufgezeigt. Wenn man Glück hat, ist der restliche Garten ja groß genug, um manchen Wunsch doch noch erfüllen zu können. Auch hier lässt sich oben genannte Methode übrigens hervorragend anwenden.

• Beziehen Sie hohe Bäume, Hecken, nahe Gebäude, Mauern, öffentliche Beleuchtung

und Straßen bereits jetzt in Ihren Grundrissplan mit ein, denn Schattenwurf, helles Licht und Lärm machen an der Grundstücksgrenze nicht Halt.

• Auch Abflussrohre und Kanaldeckel können Ihre Planung auf den Kopf stellen oder zumindest stören, wenn sie nicht gleich von Anfang an in Ihrem Grundrissplan mit vermerkt sind.

Nun geht es ans Gestalten

• Malen Sie spielerisch mit dickem Stift Formen auf das Transparentpapier, je nach Vorliebe rund oder eckig, verspielt oder formal. Spielen Sie mit Farben, lassen Sie vor Ihrem inneren Auge jede erdenkliche Gartenanlage entstehen, träumen Sie von Urlaubsgärten, anderen Kulturen.

• Beziehen Sie Ihre Kinder in die Planung mit ein. Sie haben oft verblüffende Ideen, die sich gut umsetzen lassen.

• Nehmen Sie eine Schnur und legen Sie die geplanten Formen damit im Vorgarten aus – manches sieht auf dem Plan ganz anders aus als in der Wirklichkeit!

• Setzen Sie sich nicht unter Druck. Lassen Sie Ihren Gar-

Verlassen Sie sich nicht auf die Maße, die im Haus- und Grundstücksplan vermerkt sind. Messen Sie gründlich nach, um unliebsamen Überraschungen vorzubeugen.

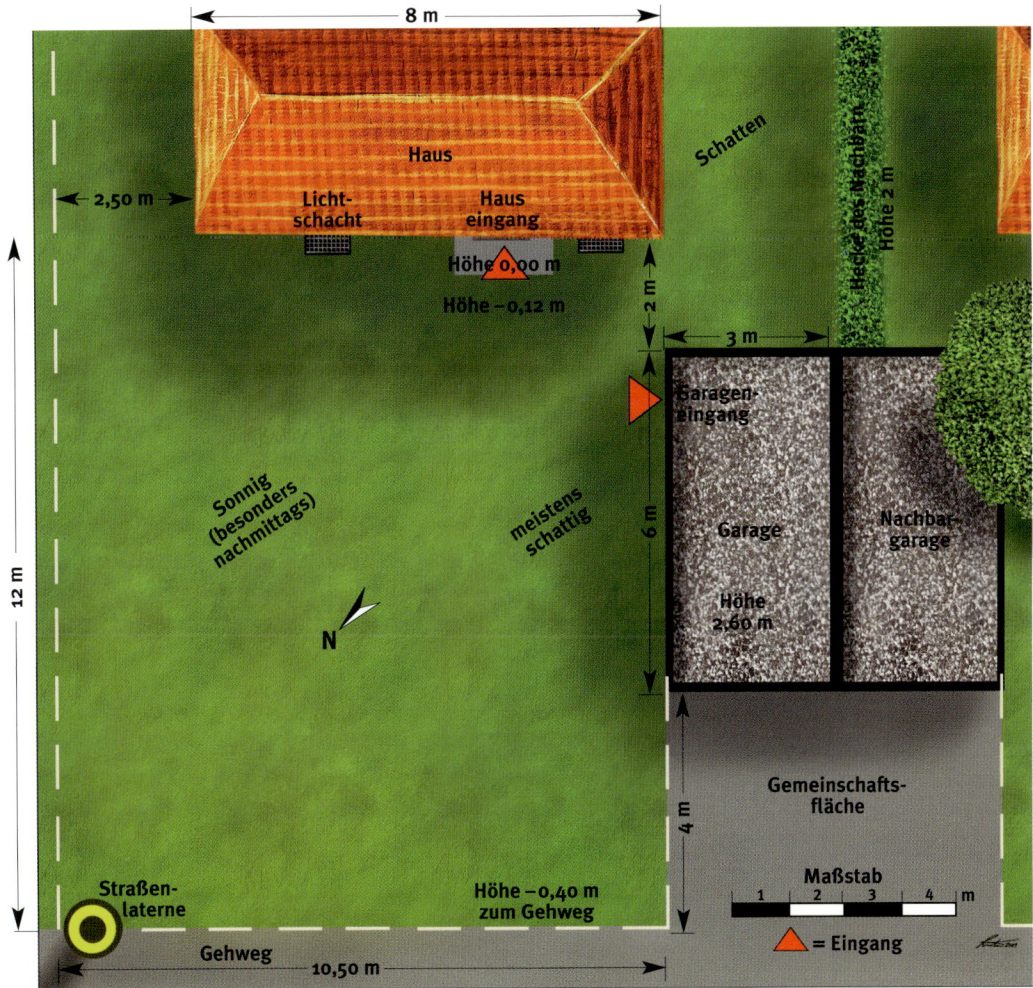

In Ihren Grundrissplan zeichnen Sie alle Außen- und Innenmaße, alle sonstigen Gegebenheiten wie Lichtschächte, Kanaldeckel und Straßenlaternen ein. Legen Sie Höhen fest, wobei die Höhe des Hauseinganges mit 0,00 mm angegeben wird und sich danach die übrigen Höhenbezeichnungen richten. Ermitteln Sie, wo es in Ihrem Garten schattige und sonnige Stellen gibt und sprechen Sie eventuelle Baumaßnahmen mit Ihren Nachbarn ab.

Unterschiedliche Wegeführungen lassen ein und denselben Garten immer wieder völlig anders wirken.

Mit Hilfe der Pflanzung erhöht sich die Spannung, bis der Eingang erreicht ist.

tentraum reifen und scheuen Sie sich nicht, auch unkonventionelle Ideen mit einzubringen und zu verwirklichen.

- Beobachten Sie den Weg der Sonne und zeichnen Sie stark besonnte und sehr schattige Flächen in Ihren Plan ein. So vermeiden Sie, dass Ihr liebevoll geplanter kleiner Teich in der Realität nie einen Sonnenstrahl abbekommt und seine Bepflanzung verkümmert. Das Sitzbänkchen sollte vom Schattenwurf des Hausbaumes möglichst selten berührt werden, und die warm besonnte Wand der Garage erhält statt der ursprünglich gedachten Efeubekleidung auf diese Weise vielleicht ein herrliches Birnenspalier.

Mit kleinen Tricks clever planen

Ihr langer, schmaler Vorgarten soll runder wirken, der Garagenvorplatz an Dominanz verlieren, ein Blickfang geschaffen oder eine völlig unkonventionelle Idee verwirklicht werden? Hier ein paar Tipps aus der Praxis, wie Sie mit Hilfe optischer Tricks und perspektivischer Mittel Ihre Vorstellungen verwirklichen können.

Wege durch den Garten

- Gerade verlaufende Wege wirken kürzer, wenn sie mit Querfugen, Querstreifen oder aus sehr großen Platten gearbeitet werden.
- Verlängernd wirken Längsstreifen aller Art, optisch ab-

Auch bei der Gestaltung von Plätzen, etwa vor der Garage, kann mit Formen gespielt und experimentiert werden.

gesetzte Randeinfassungen und direkt angrenzende

In sanftem Schwung schmiegt sich dieser Zugangsweg an den alten Baum an.

Rasen- oder niedrige Bodendeckerflächen.

• Geschwungene Wege wecken die Neugier, da sie nicht direkt auf das Ziel hinführen. Wird die Biegung zudem mit Hilfe eines höheren Gehölzes betont und die Eingangstüre dadurch optisch etwas verdeckt, erscheint der kleinste Vorgarten großzügig.

• Sich versetzende Wegeführungen schaffen Spannung und verkürzen lange Strecken optisch.

• Verbreitert sich ein gerader Weg zum Hauseingang hin, so wirkt der Weg kürzer, verengt er sich, erscheint er länger. Allerdings entsteht manchmal der Eindruck eines Trichters. Ein kleiner Vorplatz im Eingangsbereich kann dem entgegenwirken.

• Unterbrechen Sie einen langen geraden Zugangsweg mit Hilfe eines kleinen Platzes, entsteht meist ein großzügiger Eindruck. Besonders die Betonung der Mitte mit Hilfe eines kleinen Wasserbeckens, einer Skulptur oder eines Rosenhochstämmchens lässt den Blick verweilen und lenkt von der Länge des Weges ab.

• Denken Sie immer auch an sperrige Möbellieferungen und Umzüge und planen Sie Wege und Plätze deshalb nicht zu verwinkelt und eng.

Plätze und größere Flächen

• Runde Formen, insbesondere Kreise, aber auch Quadrate lassen große Flächen kleiner erscheinen.

Nur Symbolcharakter besitzt diese kleine Abgrenzung aus Metall. Sie bietet optischen Halt und bildet einen Gegenpol zu der hübschen Pflanzinsel.

Vor allem in ruhigen Nebenstraßen bietet sich eine mit robusten Polsterstauden bepflanzte Trockenmauer als pflegeleichte Abgrenzung an.

- Ruhig verlegte Plattenflächen, Kies und Rasenpflaster vergrößern Plätze optisch.

- Einfassungen aller Art, niedrige Hecken und Mäuerchen, ebenso große Gehölze an den Randbereichen von Flächen lassen diese kleiner erscheinen.

fühlt sich innerhalb des Gartenraums geborgen.

Passend zur Umgebung: unregelmäßiger Staketenzaun auf dem Land und luftiges Metallgitter in der Stadt.

Alle Zäune sind gleich breit und wirken doch verschieden auf den Betrachter.

Einzäunungen und Durchgänge

- Zäune wirken schwer und breit, wenn ihre Konstruktion ein waagerechtes Bild ergibt.
- Mehr Leichtigkeit vermitteln Zaunelemente mit senkrechter, durchschaubarer Gliederung.
- Auch die Farbe spielt eine Rolle. Dunkel gebeizte Holzzäune wirken abwehrender, aber auch gemütlicher als filigrane weiße Metall- oder Kunststoffgebilde.
- Wer ein Grundstück durch einen Torbogen betritt, lässt im Idealfall raue Wirklichkeit, Lärm und Schmutz draußen auf der Straße zurück und

Die Bedeutung von Pflanzen

- Bäume, Sträucher und Hecken wirken raumbildend und tragen durch ihre verschiedenartigen Formen sehr zum Gesamtbild des Gartens bei.
- Hohe Heckentore, Durchblicke und versetzte Hecken machen neugierig auf das Dahinter, schaffen mehrere Gartenräume und täuschen damit Größe vor.
- Mit Blatt- und Blütenformen können Sie wunderbare Effekte erzielen. Filigranes

Im Hintergrund die höheren, vorne die niedrigeren Pflanzen als lockere Wegbegleiter. Die filigranen Blüten und das zarte Blattwerk vermitteln Leichtigkeit und Unbeschwertheit.

Hecken erzeugen Durchblicke auf geheimnisvolle Gartenräume.

Blattwerk und feine, helle Blütentuffs etwa erzeugen Leichtigkeit, während große, dunkle Blätter und breite Blütenkelche ein Gefühl von Schwere vermitteln. Mehr dazu erfahren Sie auch unter dem Thema »Farbe« ab Seite 84.

An der Garage vorbei zum Haus: mit Hilfe hoher Bäume und Sträucher, niedriger Blumenrabatten und gliedernder Hecken wirkt der gleiche Gartenraum drei Mal anders.

Ein Spiegel an der Garagenwand lässt den Garten doppelt so breit erscheinen, und eine mit Knick verlaufende Pergola vergrößert den Vorgarten optisch ungemein.

Spezialeffekte im Vorgarten

- Spaliere und Kletterhilfen lassen sich wirkungsvoll einsetzen – mit Hilfe der Perspektive können Sie je nach Bedarf den Eindruck von Weite oder Enge erzeugen.
- Spezialeffekte und Hingucker müssen sehr sorgfältig geplant werden. Mit einer Spiegelwand lässt sich zum Beispiel so mancher winzige Gartenraum verdoppeln, eine geschickt aufgestellte Skulptur lenkt den Blick auf sich, und gestaffelte Hecken, Durchgänge und Lichtspiele lassen völlig neue Gartendimensionen entstehen.

Beobachten, Rat einholen und Fehler vermeiden

Inzwischen sind Sie bereits ein ganzes Stück weitergekommen, haben erste Skizzen und Entwürfe angefertigt, mit Perspektive und Spezialeffekten experimentiert und sicher auch schon eine relativ genaue Vorstellung, welche Stilrichtung Ihr Vorgarten haben soll.

Sie haben angefangen, mit offenen Augen durch die Nachbarschaft zu gehen, die eine oder andere Idee aufgegriffen, Fachbücher und Gartenzeitschriften gewälzt, sich in gut sortierten Gartencentern über die neuesten Trends informiert. Und bereits während der Vorplanung können Sie eine ganze Reihe häufiger Gestaltungsfehler vermeiden.

Häufige Planungsfehler

- **Wegeführung:** zwar schön anzusehen, aber unpraktisch, weil der Gang zum Tonnenhäuschen zum Hindernislauf wird oder der Weg zwischen Garage und Haus viel zu lang und kurvig ist.
- **Garagenvorplatz:** zu klein dimensioniert, schlecht sichtbare Hindernisse wie Findlinge, kleine Mäuerchen und Pfosten, oder der Hausbaum ist im Weg.
- **Bäume und Sträucher:** zu klein im Plan eingezeichnet, Dimensionen völlig unterschätzt.
- **Pergola:** zu schwach konzipiert, zu schmal, zu hoch, keine Anbindung an Gebäude oder andere Gartenteile.
- **Messfehler:** lieber Höhe, Breite, Länge zwei Mal nachmessen, damit Stufen und Mäuerchen dann auch wirklich passen.
- **Einzäunung:** Breite des Gartentürchens und der Einfahrtstore (Schwenkbereich, Platz für Schiebetore etc.) sowie Maße eventueller Zaunseg-

mente berücksichtigen. Danach richten sich häufig die Wegeführung sowie der Platzbedarf im Einfahrtsbereich.

- **Tote Ecken und Winkel:** Sie dürfen bei guter Planung erst gar nicht entstehen!

Wenn Sie sich jedoch im Bereich der Planung überfordert fühlen, sollten Sie sich nicht scheuen, einen Gartenarchitekten zu Rate ziehen.

Mögliche Problemzonen

Problemzonen werden in jedem Garten etwas anders zu behandeln sein, mal zu integrieren, mal bewusst hervorzuheben, in vielen Fällen oft nicht zu übersehen.

Mülltonnen – wie lassen sie sich verstecken?

Tonnen für Restmüll oder Grünabfälle sollen leicht zu befüllen, gut zu entleeren und möglichst nicht zu sehen sein. Ist kein Platz in einem Schuppen oder der Garage für die Müllbehälter zu finden, müssen andere Lösungen gesucht werden.

- Gut lassen sich Nischen in Mauern aussparen. Werden dann Mauer und Tonnenhäus-

chen mit einer einheitlichen hübschen Platten- oder Fliesenschicht abgedeckt und die Türen in der Farbe der Mauer gestrichen, verliert das Tonnenhäuschen schnell seine Dominanz.

- Ein Tonnenhäuschen lässt sich in einer Lattenzaunreihe optisch verstecken, indem man – wie beim Kühlschrank in der Küche – das Motiv der sie umgebenden Front auf die Türen aufbringt. Dazu muss das Müllhäuschen etwas nach hinten versetzt stehen, sodass die Zaunreihe in diesem Bereich nicht nach vorne hervortritt.
- Ist eine unauffällige Integration des Tonnenhäuschens nicht möglich oder nicht erwünscht, gibt es sehr hübsche Möglichkeiten der »Dachbegrünung«. Je nach Art der Vorgartengestaltung kann dies ein einfaches Grasdach, eine kunstvoll gestaltete Fläche aus Steinen und niedrigen Bodendeckern oder eine Ansammlung verschieden hoher Gefäße mit Saisonbepflanzung sein. Lassen Sie das Häuschen aber in jedem Fall mit Grün, etwa Efeu, Wildem Wein, Kletterhortensie oder anderen Kletterern bewachsen, um es in den Garten einzufügen und ihm

die Betonung seines Einzelstandes zu nehmen.

- Gute Mittel, das Tonnenhäuschen zu verstecken, sind die Integration in eine geschnittene Hecke bzw. optische Ablenkung durch einen das Häuschen überspannenden Kletterbogen.

Einfach, aber ansprechend: Müllcontainer lassen sich mit Dauergrün beranken.

Machen Sie ein kleines Kunstwerk daraus: Verkleiden Sie die Türen mit dem Material des Gartentürchens, malen Sie die Türen bunt an, lassen Sie Rosen ranken oder schaffen Sie einen geheimnisvollen Durchblick über dem Häuschen in den Vorgarten.

- In die Haus- oder Garagenwand eingegliederte Klettergerüste und Mauern lassen die Mülltonnen ebenso »verschwinden« wie ein hübscher Pavillon in der Gartenecke oder ein kleines Anlehngewächshaus hinter der Garage.
- Mittlerweile sind sogar versenkbare Müllboxen auf dem Markt, die die Müllbehälter mit Hilfe eines Motors in der Erde versenken. Der Nachteil: hässliche Bodenplatten aus Metall im Eingangsbereich.

Oft im Weg: Kanaldeckel und andere Abdeckungen

Häufig befinden sich im Vorgarten große Abdeckungen von Versitzgruben und anderen unterirdisch gelagerten Behältern. Sie bestehen meist aus grauem Beton und sind wenig attraktiv. Allerdings sollten sie jederzeit ohne große Mühen erreichbar und zu öffnen sein.

- Liegt der Deckel genau dort, wo Ihr Weg oder Ihre Einfahrt verlaufen soll, können Sie die runde Form in die Wegeführung und das Muster der Pflasterung einbeziehen. Gestalten Sie Kreise und Wellenformen, und wählen Sie im Bereich des Deckels Steine in dessen Farbton, um an anderer Stelle durch Farbänderungen den Blick abzulenken.
- Bei einer Neuanlage sollten Sie sich erkundigen, ob es passende Deckel gibt, die Aussparungen für die von Ihnen gewählte Pflasterart besitzen, sodass sich der Deckel von seiner Umgebung nur noch unwesentlich unterscheidet. Dies gilt auch im Grünbereich: Hier gibt es spezielle Abdeckungen, die mit Rasen bzw. Bodendeckern begrünt werden können.
- Einen Deckel mitten in der Rasenfläche können Sie verschwinden lassen, indem Sie eine bepflanzte Pyramide darüberstellen, deren Füße in Töpfen verankert sind. Auf diese Weise lässt sich der Deckel im Bedarfsfall schnell freilegen. Stellen Sie zwei weitere Pyramiden in der Nähe auf – niemand wird unter einer dieser Blütenpyramiden einen unschönen Gullydeckel vermuten. Im Winter können Sie dort Reisig und kleine Außenlämpchen anbringen und auf diese Weise Ihren Eingangsbereich stimmungsvoll beleuchten.
- In Pflanzflächen lassen sich Deckel relativ gut verstecken. Nehmen Sie zum Beispiel niedrig bleibende Strauchrosen, kriechende Wacholder oder andere Pflanzen, unter deren Dach die Deckel verschwinden.

Häufig ein optisches Ärgernis: unschöne Kanaldeckel im Eingangsbereich.

Einfach zu realisieren und hübsch anzusehen sind kleine Rankpyramiden, die auf dem zu versteckenden Kanaldeckel und möglichst zwei weiteren Stellen in der Nähe platziert werden. Durch diese optische Ablenkung fällt der Kanaldeckel nicht mehr auf, ist aber im Bedarfsfall schnell freizulegen.

Kellerfenster und Souterrain

Hobbyraum und Partykeller, Gästezimmer und Büro – im Keller lässt sich vieles einrichten. Nur ausreichend Licht und Luft fehlen häufig. Beziehen Sie die Kellerräume deshalb in Ihre Vorgartenplanung mit ein und lassen Sie sie kein düsteres Schattendasein fristen.

• Kleine Schächte mit aufgelegtem Schutzgitter können Sie aufwerten, wenn Sie statt der üblichen engmaschigen hübsche schmiedeeiserne Gitter über dem Schacht anbringen, die an der Hauswand verankert werden. So erhält der Raum etwas mehr Luft und Licht, und Ihr Haus gewinnt ein dekoratives gestalterisches Detail da-

zu. Ein regelmäßiger Anstrich des Schachtes in strahlendem Weiß tut ein Übriges.
• Eine weitere Möglichkeit besteht darin, den Schacht in die Modellierung des Vorgartens einzubeziehen. Sanft abgeschrägt, asymmetrisch terrassiert und bepflanzt, wird die Absenkung zu einem hübsch gestalteten Teil des Vorgartens.

Höhe ± 0,00 m

Steigung

Höhe – 0,30 m

Leichte Steigungen lassen sich auch ohne Stufen sehr ansprechend überbrücken. Ein niedriges Mäuerchen im Eingangsbereich fängt die Höhe ab und lässt sich, versehen mit einem kleinen Wasserspeier, zu einem extravaganten Blickfang gestalten.

Podest vor der Eingangstüre enden. Sichern Sie Rampen und Podest mit einem Mäuerchen oder einem verspielten Handlauf, einer bepflanzten Böschung oder einer kleinen Brunnenanlage. Jede Stilrichtung ist möglich – Ihr Eingang wird eine ganz besondere Note erhalten.

Gerätehäuschen und Unterstellplätze

Häufig ist nicht nur der Vorgarten, sondern auch der eigentliche

Ein Vordach und genügend Gefälle sind wichtig, wenn keine Stufe vorhanden ist.

Stufenlos ins Haus

In der Regel schützen Stufen und Podeste vor dem Eindringen von Wasser in den Hausflur. In manchen Fällen sind Stufen jedoch hinderlich. Ein paar Beispiele sollen zeigen, wie Sie auch ohne Stufen zu Ihrer Haustüre gelangen. Wichtig ist bei einer Gestaltung ohne Eingangsstufe, dass das Vordach groß genug ist. Planen Sie den direkten Eingangsbereich also besonders sorgfältig.

- Legen Sie Ihren Zugangsweg in einem hübschen Schwung durch den Vorgarten und lassen Sie ihn gleichmäßig ansteigen, bis er an der Haustüre endet. Einen direkt auf die Türe ausgerichteten, geraden Wegeverlauf sollten Sie in diesem Fall vermeiden, da sonst leicht der Eindruck einer Rampe entsteht.
- Steht im Vorgarten genügend Platz zur Verfügung, können auch zwei seitliche Rampen gebaut werden, die auf einem

Garten relativ klein, sodass man diesen von zusätzlichen Einbauten freihalten möchte.

- Oft bietet sich deshalb an, das mehr oder weniger große Gerätehäuschen im Vorgarten unterzubringen. Dies ist jedoch nur dann sinnvoll, wenn der übrige Garten gut und ohne Umweg durch das Haus zu erreichen ist. Schließlich sollen hier Schubkarre, Rasenmäher und anderes Gartengerät untergebracht werden, die nicht durch das Haus hindurch in den restlichen Garten transportiert werden können.
- Besprechen Sie sich vor dem Kauf eines Gerätehäuschens wegen des Grenzabstandes mit dem betroffenen Nachbarn. Vielleicht plant er ja Ähnliches, und Sie finden eine gemeinsame Lösung. Halten Sie Ihre Vereinbarungen schriftlich fest und fragen Sie bei der zuständigen Behörde nach, ob es gemeindliche Vorschriften gibt und welche Abstände zur Straßenseite hin einzuhalten sind. Sind diese Formalitäten geklärt, bleibt die gute Einbindung des Häuschens in den Garten. Versuchen Sie, schlecht zu pflegende und unnütze Ecken und Grundstücksstreifen zu

verhindern, und gestalten Sie, mit Hilfe von Rankgerüst oder Pergola, eine bald schön eingewachsene und beliebte Sitzecke.

- Es muss nicht immer ein freistehendes Häuschen sein; Anbauten aus Holz an der Garagenwand erfüllen denselben Zweck.
- Sollten Sie einen geschützten Platz für Fahrräder und Kinderwagen brauchen, bietet sich ein Anlehngewächshaus mit klaren Scheiben an: Das ist eine einfache, wenig störende Alternative für sehr kleine Vorgärten, in die sogar ein Hausfenster integriert werden kann, ohne dass das Zimmer dahinter allzu viel an Lichteinfall verliert.
- Als Fahrradunterstand eignet sich auch ein verspielter, an den Seiten teilweise geschlossener Pavillon, der gleichzeitig die Mülltonnen aufnehmen und obendrein schlecht zu verbergende Kanaldeckel kaschieren kann.

Garagen- und Carportdächer

Garagen und Carports sind häufig nur mit einem Flachdach ausgestattet, das, insbesondere aus den oberen Etagen, nicht

Hübsch sehen Gerätehäuschen aus, wenn sie im Stil des Hauses gehalten sind.

sehr attraktiv aussieht. Hier bietet sich eine Dachbegrünung an. Denken Sie gleich beim Bau der Garage an diese Möglichkeit und besprechen dies mit der Baufirma. Stehen Garage oder Carport bereits, informieren Sie sich am besten bei einer Gartenbaufirma, die sich auf entsprechende Begrünungen spezialisiert hat. Je nach Belastbarkeit des Daches kann die Begrünung von einfachen Bodendeckern bis zur kleinen Gartenlandschaft reichen.

Auf dem Dach von Haus und Garage blühen *Sedum-* und *Sempervivum-*Arten.

Dachbegrünung in Eigenregie

Manches Dach lässt sich jedoch auch in Eigenregie in ein grünes Kleinod verwandeln. Am einfachsten zu realisieren ist dies mit einer Begrünung im so genannten **Einschichtaufbau.** Dafür müssen die Oberflächen von Tonnenhäuschen und Flachdach ein Gefälle von mindestens 2 % aufweisen, um überschüssiges Wasser ablaufen zu lassen. Aber auch steilere Dächer lassen

sich mit dieser Methode schnell und haltbar begrünen. In der Regel reicht es für den Einschichtaufbau aus, den Pflanzen eine etwa 5–8 cm starke Schicht aus Blähton, grobporigem Bims oder Lava als Wachstumsgrundlage zu geben. Sichern Sie die Ränder entweder mit Holzleisten, verzinktem oder Kupferblech oder einem hübschen Dachziegelabschluss. Nun können Sie pflanzen, allerdings gedeihen auf dem mageren Untergrund nur wenige Arten wie *Sedum-* und *Sempervivum-*Arten, die es in vielen hübschen Sorten gibt. Sie überziehen, je nach Jahreszeit, das Dach mit ihren feinen Polstern und zarten Blüten in Gelb-, Rosa- und Weißtönen. Hübsche Tuffsteine dazwischen

arrangiert – das eintönige Betongrau gehört innerhalb kurzer Zeit der Vergangenheit an! **Mehrschichtaufbauten** sind komplizierter zu bauen und wiegen schwerer. Sie bestehen meist aus einer Dränschicht, einer Filterschicht und darauf der Tragschicht für die Vegetation. Grasdächer benötigen diese Art des Aufbaues, aber auch Dächer, die größere Pflanzen beherbergen sollen, brauchen einen entsprechenden Dachaufbau. Inzwischen sind verschiedene Fertigmischungen für die Dachbegrünung im Handel erhältlich, und je nach Intensität der Begrünung wird der Unterbau ausfallen. Am besten lassen Sie sich im Fachhandel beraten.

Wie schön ist der Blick auf das ehemals triste Garagendach!

Dekoratives und Nützliches

Über Geschmack zu streiten hat wenig Sinn. Hat der eine Nachbar seine Gartenzwerg-kolonie ins Herz geschlossen, bedeutet diese für den anderen eine Beleidigung fürs Auge. Ob Kunstwerk oder Kitsch – es ist Ihr Vorgarten, Ihr Eingangsbereich, dem Sie Ihre persönliche Note geben sollen und dürfen.

Accessoires verschönern den Vorgarten

Wie in Ihrer Wohnung auch können Sie auch im Vorgarten mit mehr oder weniger Prakti-schem und Schönem spielen. Integrieren Sie Mitbringsel aus dem Urlaub in den Garten, hin und wieder die neuesten Trends und spleenigsten Acces-soires. Aber auch wirklich Prak-tisches wird Platz finden, und die baulichen Voraussetzungen dafür sollten Sie bereits bei der Planung mit berücksichtigen. Und damit Ihre Accessoires den Vorgarten auch wirklich verschönern, sollen sie regel-mäßig gesäubert und gewartet werden. Ein völlig veraltetes Vogelbecken, »blinde« Glas-kugeln und umgefallene Gar-tenzwerge stoßen eher ab, als

einladend zu wirken. Schön verwitterte Natursteine und ein wenig Moos am Brunnenrand können dagegen verspielt und geheimnisvoll wirken.

Beleuchtung und Sicherheit

Nicht nur in ländlichen und abgelegenen Gegenden werden Leuchten mit eingebautem Bewegungsmelder immer beliebter. Auch in das Klingel-tableau integrierte Überwach-ungskameras, die vor unlieb-samen Überraschungen schützen sollen, können eine sinnvolle Investition darstellen. Kabel und Leitungen für solche technischen Einrichtungen lassen sich zwar auch noch nachträglich in bereits angeleg-te Gärten einbauen, sinnvoller ist es jedoch, sich gleich bei Neubau oder Umgestaltung Gedanken über die Verteilung von Beleuchtungskörpern im Garten zu machen. Egal ob Sie nur hin und wieder besonders schöne Ecken im Garten aus-leuchten und anstrahlen, eine alte Schmiedeeisenlaterne stimmungsvoll in Szene setzen oder einfach nur den Eingang funktionell beleuchten wollen – die Kabel müssen in jedem Fall immer fachgerecht (Nässe,

Glänzende Glaskugeln lassen jeden dunklen Vorgarten leuchten.

Immer hübsch ist es, wenn im Vor-garten die persönliche Note zum Tragen kommt. Ein etwas unge-wöhnlicher Briefkasten, glänzende Gartenkugeln, ein schön glasierter Übertopf, die selbst getöpferte Vogeltränke – so manches findet auch im kleinsten Vorgarten seinen Platz. Der Fantasie und dem per-sönlichen Geschick sind kaum Grenzen gesetzt. Vermeiden Sie jedoch ein Sammelsurium ver-schiedenster Gegenstände, die den Vorgarten überladen und kitschig wirken lassen.

Beleuchtete Pflastersteine lassen sich im Zugangsbereich vielseitig einsetzen.

Kaum zu glauben: So eintönig sah der Vorgarten vor der Umgestaltung aus ......

Frost) und funktionell (mindestens Spatenstichtiefe) verlegt werden.

Ziehen Sie am besten einen Elektriker zu Rate, der auf diesem Gebiet Erfahrung hat.

Beginnen Sie beim Einzug in einen alten Garten wenn möglich nicht sofort mit Neubaumaßnahmen. Beobachten Sie zuerst einmal, was im Laufe eines Jahres alles grünt und blüht, an welche baulichen Gegebenheiten man sich mit der Zeit gewöhnt und welche Wegeführung sich allmählich einprägt. Nicht selten zeigen sich Teppiche voller Frühjahrsblüher, schöne Stauden und Bodendecker, die bei einer Neuanlage viele Jahre bräuchten, um in ähnlicher Pracht und Fülle aufzutreten.

Wasserrohre für Brunnen und Gartenteich

Möglichst frühzeitig berücksichtigt werden sollten alle Zu- und Ableitungen sowie eventuell

Wasser- und Stromleitungen sollten Sie gleich zu Beginn mit einplanen.

nötige technische Details von Wasserbecken, kleinen Teichen oder Brunnen. So lassen sich späteres Umgraben und neuerliches Herrichten von Pflanz- und Pflasterflächen vermeiden. Sie müssen also bereits in einem sehr frühen Planungsstadium entscheiden, ob und wenn ja wo sich Ihre Wasseranlage später befinden soll. Auch wenn Sie momentan keinen Teich haben können oder wollen, weil etwa die Kinder noch klein sind, lohnt sich vorausschauende Planung.

Umgestaltung alter Gärten

Wenn Sie ein in ein älteres Haus mit einem bereits bestehenden, Ihnen nicht zusagenden Vorgarten einziehen oder Ihnen nach Jahren Ihr früher selbst entwor-

...... und so attraktiv präsentiert er sich nach seiner Verwandlung.

stilistisch zufrieden stellend kombinieren, zu einem alten Bauernhaus passen nur selten gleichmäßige graue Betonplatten – wohingegen sich das sachliche Haus aus den dreißiger Jahren oft sehr gut mit modernen Stilmitteln verträgt. Völlig problemlos sind in aller Regel Reihenhäuser aus den sechziger Jahren. Sie sind baulich meist so neutral, dass alle Stilrichtungen den Vorgarten prägen können.

fener Garten nicht mehr gefällt, hilft nur eines: Neuplanung und Umgestaltung.

Am besten beginnen Sie so, als müssten Sie einen völlig neuen Garten anlegen: Sie vermessen Ihren Garten, zeichnen alles auf, tragen aber zusätzlich die Dinge ein, die erhalten werden sollen oder müssen. So kann es sein, dass für den Abriss eines alten Schuppens eine Genehmigung notwendig wäre oder die alte Platane eine Größe erreicht hat, bei der die in der Gemeinde zu erfragende Baumschutzverordnung greift. Verzweifeln Sie nicht, wenn Ihnen von den Behörden so mancher Strich durch die Planung gemacht wird. Sehen Sie es positiv und integrieren Sie den alten Schuppen in Ihr Konzept, renovieren Sie ihn und geben ihm eine neue Bestimmung. Und akzeptieren Sie, dass die alte Plata-

ne zwar Schatten, Dunkelheit und viel Laubfall bringt, aber auch Schutz bietet und vielen Tieren ein Zuhause. Beziehen Sie sie in die Gestaltung mit ein und planen Sie Ihren Vorgarten bewusst um sie herum.

Architektur und Garten

Sollte in dem alten Vorgarten nichts vorhanden sein, das sich lohnt, in die Gestaltung mit einbezogen zu werden, ist es am sinnvollsten, alles komplett herauszunehmen und bei Planung und Ausführung wie bei einem neuen Garten vorzugehen. Selbstverständlich ist es für eine gelungene Planung stets hilfreich, sich auch mit der Architektur des meist älteren Gebäudes zu befassen. Mit einem Jugendstilhaus etwa lässt sich nur schwer ein japanischer Garten

Ideen und Inspirationen

Vorgärten jeder Größe können sehr individuell gestaltet werden. Nutzen Sie die folgenden Beispiele als Anregung, kombinieren Sie einzelne Elemente, finden Sie Neues, lassen Sie sich inspirieren und haben Sie Spaß am Planen und Gestalten.

Vom Gehweg in die Wohnung

Vor allem im städtischen Bereich, aber auch in vielen Reihenhaussiedlungen ist für einen Vorgarten kein oder nur sehr wenig Platz. Doch gerade in den oft unfreundlichen Steinwüsten und einförmigen Häuserzeilen lässt sich mit einfachen Mitteln viel bewirken und ein zauberhafter Empfang gestalten.

- Oft reicht es schon aus, neben der Eingangstüre eine Platte des Gehweges zu entfernen, etwas Erde auszutauschen, ein schmiedeeisernes, halbrundes Schutzgitter aufzustellen und an einem gut befestigten Draht einen Blauregen (Wisteria) hoch wachsen zu lassen. Dieser Kletterer überzieht jede noch so triste Fassade mit seinen blauen Blüten und den filigranen Blättern

Je nach Standort wachsen sonnen- oder schattenverträgliche Kletterpflanzen an der Hauswand (oben), wobei der hübsche Blauregen (unten) besonders wenig Pflanzfläche beansprucht.

unermüdlich bis hinauf in den fünften Stock.

- Viele Gestaltungsmöglichkeiten eröffnen sich durch die Verwendung von größeren Pflanztrögen und Pflanzkübeln. Aus diesen können Sie, wenn Sie den Behälter fest installiert haben, eine schattige Wand mit Efeu (Hedera) beranken lassen und dazu schattentolerante Pflanzen wie buntblättrige Funkien (Hosta) oder grazile Astilben setzen, die, wenn Sie es geschickt geplant haben, mit den Farben von Wand und Eingangstüre harmonieren.
- Sonnige Eingänge können einen an der Wand befestigten Rosenbogen erhalten, der von Trögen beiderseits des Eingangs gehalten wird. Durch diese duftende Blütenpracht wird jeder gerne Ihr Haus betreten!
- Edel wirkt es, wenn links und rechts der Türe große, schön glasierte Pflanzkübel mit in Form geschnittenen Buchsbäumchen stehen, die auch

◀ Formvollendete, klare Linien, ein eindeutiges Konzept und die Liebe zum Detail zeichnen diesen Vorgarten aus.

Ein hübsches Eisengitter neben der Tür schützt den Blauregen im Gehwegbereich.

Die neue Haustüre und Buchspyramiden lassen den Eingang völlig anders wirken.

Durch einen solch prächtigen Blütenbogen betritt man ein Haus besonders gerne, und sogar Früchte lassen sich im Spätsommer ernten.

im Winter mit Schneehäubchen viel hermachen.

- Wer es lieber fröhlich bunt mag, kann eine Vielzahl Terrakottatöpfchen mit Sommerblumen bepflanzen und diese auf die Eingangsstufen stellen. Mehr dazu ab Seite 49.
- Vielleicht besteht die Möglichkeit, die Gehwegplatten vor Ihrer Haustüre durch andersartige Platten oder sogar Mosaiksteine zu ersetzen, um so den Eingangsbereich optisch etwas hervorzuheben.

Zwei Pflanzkübel und ein Kletterbogen finden auch auf kleinstem Raum Platz.

Die Taillierung des Weges sowie die geschickte Raumteilung mit Hilfe einer Pergola bewirken, dass der kleine Vorgarten groß erscheint.

Sehr kleine Vorgärten – Herausforderung und Chance

Kleine Vorgärten mit einer Tiefe von 3 bis 4 m und der Breite des Reihenhauses sind bauseits meist ohne Umzäunung und Müllhäuschen konzipiert, sodass die gesamte Fläche für die Gestaltung verwendet werden kann. Häufig führt ein gerader Weg direkt auf die Haustüre zu – schmal und wenig attraktiv. Mehr Großzügigkeit erreichen Sie bereits, wenn Sie etwa mit Hilfe von Kleinsteinpflaster den Weg zum Haus hin breiter werden lassen, etwas Raum für eine kleine Sitzbank neben der Eingangstüre schaffen und den Rest je nach Lichteinfall bepflanzen. Dazu ein kleiner Kübel mit einem bunten Sommerblumen-Arrangement im Eingangsbereich: Schon ist Ihr Vorgärtchen etwas Besonderes!

Aber auch mit Hilfe von Sitzmauern lässt sich so mancher Mini-Vorgarten ungemein »aufputzen«. Rund geschwungen und zur Straßenseite dicht bepflanzt, lädt das Mäuerchen zum Verweilen ein. Stellen Sie eine Vogeltränke darauf und beobachten Sie aus dem Fenster heraus, mit welcher Freude die Vögel darin baden.

Sehr attraktiv kann ein reiner Steingarten wirken, vielleicht in Anlehnung an die Gartenarchitektur Japans gestaltet. Eine hübsche Steinlaterne, umspielt von Azaleen, Farnen und Moosen – im kleinsten Garten ist Platz für dieses Schattenarrangement. Auch formgeschnittene Buchshecken, Kugel-Robinien und ein einfacher Quellstein, vielleicht in Verbindung mit

Drei Vorgarten-Varianten in einer Reihenhaus-Siedlung, jeweils von vorne und von oben gesehen.

Linkes Haus: Durch den Rosenbogen betritt man einen halbrund gepflasterten Vorgartenraum, der mit Hilfe geschickter Pflanzung trotz seiner Kleinheit einen intimen Charakter erhält.

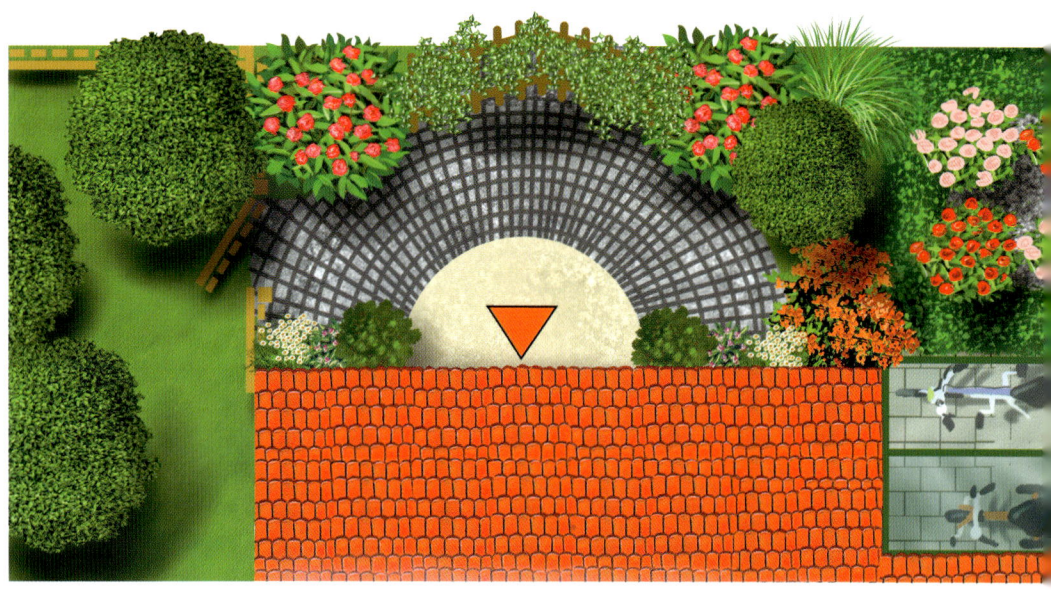

Mittleres Haus: Ein Anlehngewächshaus als Unterstand für Fahrrad und Kinderwagen, eine schützende Pergola, der kleinkronige Hausbaum und sogar eine kleine Buchshecke als Umrahmung für Kübelpflanzen finden hier Platz. Der alte Zugangsweg wurde erhalten, die restlichen Flächen mit Kies aufgefüllt.

Rechtes Haus: Ganz anders präsentiert sich dieser Steingarten, der mit seinem runden Brunnen, vielen Findlingen und wenigen ausgesuchten Pflanzen Klarheit und Ruhe ausstrahlt.

Den linken Garten dominiert ein Naturteich, in dessen Oberfläche sich die wie schwebend wirkenden Holzplankenflächen spiegeln. Mit Hilfe einer Skulptur oder einer hübschen Leuchte wird eine Barriere zum Wasser hin geschaffen. Das Tonnenhäuschen erhält ein Dach aus Steinen und Gräsern.

Kleinen Vorgärten steht eine klare Gliederung in der Regel sehr gut.

edel wirkendem Plattenmaterial lassen dasselbe Gärtchen völlig anders wirken.
Sogar ein Unterstellplatz für Fahrräder und anderes Gerät lässt sich recht problemlos einrichten. Ein Anlehngewächshaus macht's möglich: Sie brauchen nicht einmal Rücksicht auf Fenster zu nehmen, es fällt auch durch das Glashaus genügend Licht in Ihre Wohnung.

Üppige Strauchrosen und ein Hausbaum ergeben ein völlig anderes Bild.

Rasenpflaster, einmal ganz anders gestaltet, trennt den rechten Garten ab, der von einem großen Baum beschirmt wird. Unter ihm findet eine Rundbank Platz, die auf einer gekiesten Fläche steht. Der direkte Zugangsbereich ist gepflastert, optischen Schutz bietet eine Mauer aus Findlingen. Das Müllhäuschen erhält ein schützendes Grasdach.

Das Gärtchen nicht überladen!

Ganz besonders bei kleinen und kleinsten Vorgärten ist weniger fast immer mehr. Versuchen Sie, Materialmix zu vermeiden, stopfen Sie das Gärtchen nicht mit Porzellankugeln, Figürchen und Windrädern voll und vermeiden Sie ein Sammelsurium verschiedenster Pflanzen. Setzen Sie statt dessen wohlüberlegte Akzente. Bedenken Sie auch, dass aus dem kleinen Tännchen ein riesiger Baum wird, der mit der Zeit alles verdunkelt und eventuell ab einer bestimmten Größe nicht mehr gefällt werden darf. Verstehen Sie die Gestaltung eines winzigen Eingangsbereiches als Herausforderung, sich intensiv mit den passenden Pflanzen auseinander zu setzen und diesem Gärtchen aus dem Schattendasein herauszuhelfen.

Mittelgroße Vorgärten

Doppelhaushälften und einzeln stehenden Häusern ist meist eine Garage zugeordnet, und sie verfügen über einen größeren Vorgarten mit Umzäunung, Mülltonnenhäuschen, Lichtschächten und anderen Einbauten, die bei der Planung zu berücksichtigen sind. Häufig ist der Übergang vom Vor- zum Hauptgarten fließend, die beiden Bereiche lassen sich aber auch sehr gut getrennt behandeln.

Die Zeichnungen Seite 32/33 sowie 37/38 zeigen, dass nahezu identische Grundstücke völlig unterschiedlich gestaltet werden können.

Der Hausbaum – ein uralter Brauch

In nicht allzu kleinen Vorgärten findet sich meistens Platz für einen Baum, der nach alter Tradition Haus und Hof beschützt und uns willkommen heißt. Doch Achtung bei der Auswahl: Je nach Art des Gehölzes können Sie nämlich neben der

Diesem sehr technisch gestalteten Vorgarten steht eine dritte Dimension in Form eines Hausbaumes (hier ein Rotdorn 'Paul's Scarlet') sehr gut zu Gesicht.

schönen Blüte im Frühjahr auch noch schmackhafte Äpfel ernten – oder aber Sie ärgern sich über klebrige Lindenblüten, färbende Vogelbeerfrüchte, Herbstlaub über Wochen und haben dann mehr Ärger als Freude an Ihrem Hausbaum.

Die Tabelle zeigt eine kleine Auswahl möglicher Hausbäume. Neben der Höhe sowie den Standort- und Bodenansprüchen sollte auch die zu erwartende Kronenform berücksichtigt werden. So wird man einem schmalen Vorgarten mit hohem Haus einen schmalkronigen, eher säulig-hoch wachsenden Baum zuordnen, wohingegen ein hoch werdender Baum mit ausladen-

Hier ist der ganze Garten »Vorgarten«. Durch ein ungewöhnliches Rankgerüst wird er betreten, er beherbergt einen kleinen Hausbaum und genügend breite Wege, um in das Haus zu gelangen.

Schöne Hausbäume für jede Gartenanlage		
Name	**Höhe**	**Besonderheiten**
Ahorn-Arten und -Sorten (Acer)	1–20 m	zahlreiche Formen im Handel, vom riesigen Hausbaum bis zu zierlichen, rotblättrigen Gartenformen
Blasenbaum (Koelreuteria paniculata)	bis 15 m	empfindlich, etwas sparriger Wuchs, große gefiederte Blätter, gelbe Blüten im August
Blauglockenbaum (Paulownia tomentosa)	bis 15 m	große, wollige Blätter, breitkronig, violette Blütenglocken
Elsbeere (Sorbus torminalis)	bis 10 m	langsam wachsend, spitz gelappte dunkle Blätter, schöne Herbstfärbung, selten
Kuchenbaum (Cercidiphyllum japonicum)	bis 6 m	oft mehrstämmig, zierlich, sein schönes gelbes Herbstlaub duftet nach Kuchen
Kugel-Ahorn (Acer platanoides 'Globosum')	bis 5 m	sehr dichte, klein bleibende Krone in Kugelform, braucht keinen regulierenden Schnitt
Kugel-Robinie (Robinia pseudoacacia 'Umbraculifera')	bis 5 m	kugelförmige Krone, feines Laub, Kugelform verliert sich ohne regulierenden Schnitt
Magnolien (Magnolia)	bis 6 m	unterschiedliche Arten und Sorten, alle etwas empfindlich, herrliche Blüten und schönes Laub
Rosskastanie (Aesculus hippocastanum)	bis 25 m	breit ausladend, attraktive große Blätter und Blütenkerzen, flaches Wurzelwerk
Säulen-Eiche (Quercus robur 'Fastigiata')	bis 20 m	Säulenform, Blätter haften bis in den Winter, wächst langsam
Säulen-Ulme (Ulmus minor 'Dampieri')	bis 10 m	schlanke Säulenform, Blätter grün oder goldgelb (Goldulme)
Schwedische Mehlbeere (Sorbus intermedia)	bis 10 m	kleiner, rundkroniger Baum, anspruchslos, gelappte, dunkle, filzige Blätter, weiße Blüten, rote Früchte
Taubenbaum (Davidia involucrata)	bis 4 m	strauchartig, breit, große Blätter, sehr ungewöhnliche weiße Blüten
Trompetenbaum (Catalpa bignoides)	bis 15 m	großkronig, großes Blattwerk, weiße Blüten im Juni
Vogelbeere (Sorbus aucuparia)	bis 15 m	anspruchslos, kleine Krone, gefiederte Blätter, zahlreiche rote Beeren über den ganzen Winter
Walnussbaum (Juglans regia)	bis 25 m	geschützter Stand, gefiederte Blätter, essbare Früchte, besitzt eine Pfahlwurzel
Arten und Sorten von Zierkirschen, Zierpflaumen, Zieräpfeln	bis 10 m	große Formenvielfalt, Blütenreichtum, zum Teil schöne Herbstfärbung und Früchte

der Krone seine Äste über ein Bungalow-Dach breiten darf. Allerdings ist es problematisch, allzu hoch und breit werdende Bäume im Vorgarten zu verwen- den, denn sie verdunkeln vor allem auf der Nordseite liegen- de Räume noch zusätzlich und beanspruchen auch optisch viel Platz. Wer jedoch gerne unter schüt- zendem Blätterdach zum Haus gelangen möchte, sollte etwas tiefer in die Tasche greifen und sich gleich einen großen Ahorn oder eine stattliche Kastanie pflanzen lassen, diese als Solitär behandeln, mit einer Baumscheibe umgeben und rings um den Stamm eine Baumbank aufstellen. So erhält man einen herrlichen Sitzplatz und braucht sich nicht um kümmerlich wachsende Pflanzen unter dem dichten Blätterdach zu sorgen.

Große Vorgärten mit Gartenanbindung

Haus und Garage in der hintersten Ecke des Gartens, der ganze Grünbereich ein einziger »Vorgarten« – auch für solche Fälle gibt es viele Gestaltungsmöglichkeiten. So können beispielsweise Zufahrt und Wege so verlaufen, dass sie nicht stören,

sondern harmonischer Teil des Gartens werden. Terrasse und Ruhebereiche lassen sich optisch und räumlich abtrennen oder in die Wegeführung mit einbeziehen, falls die Bewohner dies wünschen. Die Grafiken Seite 37 und 38 zeigen, dass es verschiedenste Möglichkeiten gibt, vom Gartentor zum Haus zu gelangen.

Diesen großen Vorgarten trennt ein Heckentor vom übrigen Garten. Der breite Kiesweg erhält mit Hilfe in Form geschnittener Buchsquader eine völlig neuartige Form, stark kontrastierend zu der im übrigen Garten vorherrschenden lockeren Bepflanzung.

Hier bilden Garten und Eingangsbereich eine Einheit. Die hübsch bewachsene Pergola zeigt den Weg zum Hauseingang und schirmt gleichzeitig den übrigen Garten etwas ab. Ein um etwa 40 cm versenkter Sitzplatz, mit Holzpalisaden eingefasst und über Holztreppen zu erreichen, ist Treffpunkt für Groß und Klein. Mit Hilfe von Pflanzen, einem kleinen Wasserbecken oder einer Kräuterschnecke erhält er eine Abgrenzung zum Weg hin. Basketballkorb, Müllhäuschen und Unterstellmöglichkeiten für Fahrräder finden sich im Garagen- und Pergolabereich (Grundriss siehe Seite 11).

Geschwungene Linien und außergewöhnliche Formgebungen dominieren diesen Garten. Eine bepflanzte Bruchsteinmauer sichert das Grundstück gegen ungebetene Gäste, die Funktion des Hausbaumes übernimmt ein mit Kletterpflanzen berankter Pavillon, unter dessen Dach Fahrräder und anderes Platz findet. Den Eingangsbereich betont eine aufwändig gepflasterte Fläche, die verhindert, dass Kieselsteine aus dem Zugangs- und Zufahrtsbereich in das Haus getragen werden.

Vorgärten am Hang

Am Hang liegende Vorgärten lassen sich sehr reizvoll gestalten. Allerdings sind sie nicht immer problemlos zu nutzen, denn das Schleppen schwerer Lasten, das Schneeschaufeln im Winter und das Rasenmähen gestalten sich oft schwierig und sind nicht immer ganz ungefährlich.

Für die Überwindung größerer Höhenunterschiede sind sehr genaue Planung sowie fachkundige Ausführung nötig, um unsichere Treppen und Mauern oder gar rutschende Hänge zu

Höhe + 4,00 m

Höhe + 3,00 m

Höhe ± 0,00 m

Garage

Dieses Hanggrundstück wird durch eine Treppenanlage erschlossen, die sich harmonisch an das Gelände und den daneben sprudelnden Wasserlauf anschmiegt. Eine Besonderheit ist die Einbeziehung des Garagendaches, das nach statischer Prüfung Teil des Gartens werden darf. Mülltonnen, Geräte usw. finden unter der Pergola im Eingangsbereich Platz.

vermeiden. Kleine Höhenunterschiede lassen sich jedoch auch in eigener Regie in den Griff bekommen. Informationen zum Treppenbau ab Seite 66, zu Mauern ab Seite 70.

Weg und Zufahrt als Einheit

Ein häufig auftretendes Problem im Hanggarten ist die Kombination von Zufahrt und Gehweg.

Meist werden diese Bereiche getrennt behandelt, was in der Regel unnötig viel Platz im Garten beansprucht. Schöner ist es, wenn sich die beiden Zonen kombinieren lassen und immer

Mannshohe und undurchschaubare Gehölze, stark bewachsene Pergolen, Gartenhäuschen und Pavillons sollten nicht zu eng am Eingangsbereich platziert sein, um wenigstens die ersten Meter bis zur Haustüre problemlos überblicken zu können. Sicherer fühlt man sich auch, wenn nachts für eine ausreichende Beleuchtung des Zugangsweges und der Eingangstüre gesorgt ist.

Trittsicher und sehr hübsch anzusehen ist diese Treppe hinunter zum Haus.

wieder ineinander fließen. Das wird allerdings schwierig, wenn das Gelände so steil ist, dass für ein sicheres Begehen Stufen gebaut werden müssen und diese mit der Garagenzufahrt kombiniert werden sollen.

Hier bietet sich eine Verbindung von Stufen und Mäuerchen an, gepaart mit verbindenden Pflanzflächen und kleinen Podesten, von denen aus immer wieder ein Bezug zur Fahrfläche hergestellt wird.

Sehr attraktiv ist ein Wasserlauf, der zwischen Geh- und Fahrbereich in einem verspielten Bachbett plätschert. Er entspringt im oberen Eingangsbereich und endet in einem kleinen Becken neben dem Gartentürchen. Ob formal (mit streng begrenzten Rändern) oder als Naturbächlein – dieser Blickfang nimmt jeder Treppenanlage die Strenge: Der Höhenunterschied wird zu einem Mittel der Gestaltung, und der oft dominante Fahrweg erhält nur noch untergeordnete Bedeutung.

Das Garagendach mit einbeziehen

Auch Hanggrundstücke, bei denen die Garage im unteren Teil des Grundstückes ihren

Platz hat und deren Haus über eine Treppe zu erreichen ist, lassen sich sehr einfallsreich und raumgewinnend gestalten. So kann zum Beispiel das Dach der Garage direkt mit in die Gartengestaltung einbezogen werden. Der Gehweg schlängelt sich in diesem Fall mit etwas Abstand an der mit Kletterpflanzen berankten Seitenwand entlang nach oben, erschließt das Garagendach als »Sonnendeck« und findet letztendlich sein Ziel am Hauseingang. Durch die Begrünung (siehe auch Seite 22) und teilweise Begehbarkeit des Daches erreichen Sie eine praktische Einbindung in den Gartenraum – die Garage ist nicht mehr Fremdkörper, sondern Bereicherung.

Planen Sie die Begehbarkeit am besten gleich beim Bau mit ein und informieren Sie sich für den Fall eines späteren Umbaus beim Hersteller über die Belastbarkeit des Garagendaches.

Auf Stufen hinunter zum Haus

In seltenen Fällen liegt der Hauseingang tiefer als die Straße. Hier darf auf keinen Fall das Gefühl entstehen, dass der Hang den Eingangsbereich »erdrückt«. Führen Stufen zu Ihrer

bleibende Gehölze, Strauchrosen und Bodendecker, begleitet von duftigen Stauden und
Zwiebelblumen verhindern, dass
Ihnen der Hang in das Haus
»rutscht« und bieten zudem das
ganze Jahr hindurch einen hübschen Anblick.

Auf Stufen nach oben: Verspielt eingewachsene und hübsch dekorierte Legstufen
wirken immer luftig und lassen das Treppensteigen nicht zur Qual werden.

auf einen blick

- Eine neue Eingangstüre, Kletterpflanzen an der tristen Hauswand,
  ein hübsch bepflanzter Blumen-
  kübel: fröhlicher Empfang auf
  kleinstem Raum.
- Können sich Nachbarn auf eine gemeinsame Gestaltung einigen,
  lassen sich aus kleinen Vorgärten
  im Nu großzügige Eingangsbereiche
  zaubern.
- In Hanggrundstücken können
  Mauern und Mäuerchen, kleine
  Plätze, geschwungene Wege,
  Bachläufe und Quellen mühevoll
  zu pflegende Rasenflächen ersetzen und aus dem Problemfall
  ein Kleinod machen.
- Hausbäume und andere Gehölze
  können sehr groß und breit
  werden. Sie sollten dies gleich zu
  Beginn in Ihrer Planung berücksichtigen.

Haustüre hinab, ist es günstig,
eine nach unten breiter werdende Treppe anzulegen. Dies be-
wirkt zum einen eine optische
Verkürzung, und zum anderen
vermeiden Sie das Gefühl,
durch einen Trichter in das Haus
zu gelangen.
Attraktiv und spannend ist eine
immer wieder seitlich versetzte
Treppe, unterbrochen von Podesten und Mäuerchen. Niedrig

Etwas ganz Besonderes – der Themengarten

Ob Sie einen Geröllgarten, ein Gärtchen mit fernöstlichem Touch oder den passenden Rahmen für Ihre Kunstobjekte schaffen wollen – der Vorgarten eignet sich besonders gut, ein Thema aufzugreifen und zu verfeinern, ohne dabei seine Funktionalität zu verlieren.

Eine zierliche Skulptur – ihr ordnet sich dieser Garten unter.

Sie wollen mit ungewöhnlichen Pflanzenarten oder bestimmten Stilrichtungen arbeiten, Sie stellen sich einen kleinen Kräutergarten oder eine Steinwüste für Ihren Eingangsbereich vor? Was auch immer Sie planen – bleiben Sie dem Thema treu und weichen Sie das Konzept nicht mit Kompromissen auf. Um einen harmonischen, in jeder Hinsicht dem gewählten Thema folgenden Vorgarten zu erhalten, müssen Sie sehr genau planen. Sie werden sehen, dass aus dem ehemals unscheinbaren Stückchen Garten ein faszinierendes Hobby werden kann. Insbesondere dann, wenn Pflanzen die Hauptdarsteller sein sollen, werden Themengärten häufig zu einem echten Steckenpferd und Experimentierfeld für neue Arten und Sorten.

◄ Frühling am Hauseingang! Wer sich für einen Topfgarten entscheidet, kann zu jeder Jahreszeit einen neuen »Garten« gestalten.

Der Weiße Garten

Ein Traum in Weiß: unnahbar, märchenhaft, schwebend, interessant – leider aber auch arbeitsintensiv, denn ein Weißer Garten will präzise angelegt und bestens gepflegt sein. Bereits bei der Planung müssen Sie berücksichtigen, dass Weiß nicht gleich Weiß ist. Am besten wählen Sie Sorten, die ein möglichst strahlendes Weiß besitzen, und vermeiden Kombinationen mit Beigefarben, da diese zwischen all dem Strahlen entsetzlich schmutzig wirken. Nichts spricht jedoch gegen Pflanzen, deren weiße Blüten einen feinen, bläulich angehauchten Rand, eine rosa Mitte oder schöne gelbe Staubgefäße haben. Damit eine klare Linie erkennbar bleibt, sollten Sie sich allerdings auch hier auf eine Farbrichtung festlegen.
Bei richtiger Pflanzenwahl wird aus Ihrem Garten im Herbst ein in allen Rot- und Brauntönen leuchtendes Kleinod mit Hagebutten, bunten Blättern und dunklen Früchten.
Wege und Plätze sollten eine untergeordnete Rolle spielen. Ruhige, dunkle Farben – vielleicht an ausgewählten Stellen dezente Mosaikmuster – lassen die Pflanzen leuchten. Mobiliar in Weiß oder als Akzent in einer kühlen Farbe wie Blau oder dezentem Grün passen immer gut.

Pflanzen für Ihren Weißen Garten

Ein Weißer Garten wirkt besonders schön vor ruhigem Hintergrund, also einer Schnitthecke, einer dunklen Wand oder an der Schattenseite Ihres Hauses. Die nachfolgend aufgeführten

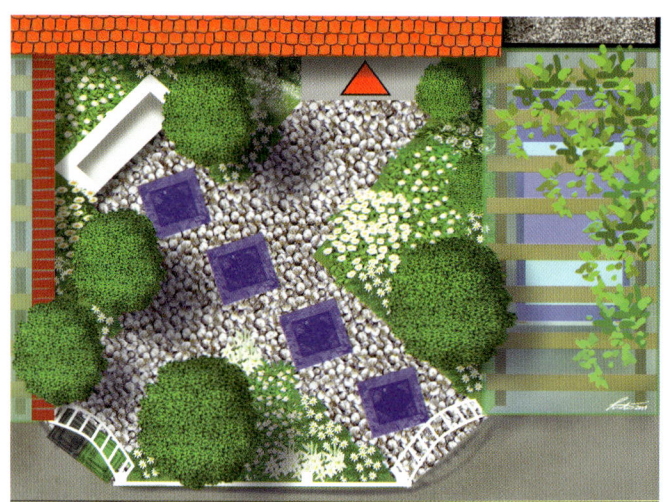

Der »Weiße Garten« besticht durch seine Klarheit. Rosenbögen, eine kleine Sitzbank, helle Pflastersteine und weiße Blüten ruhen in sich, nur einige Blaurauten bringen Farbe ins Spiel.

Kleiner Vorgarten im Schatten

Kletterhortensie *(Hydrangea anomala* ssp. *petiolaris),* Schlingknöterich *(Fallopia)* oder eine zarte *Clematis* bilden die Rückseite und den Rahmen für den Schattengarten in Weiß. Eine bizarre Aralie *(Aralia)* oder Sternmagnolie *(Magnolia stellata),* zarte Azaleen und immergrüne, weiß blühende Rhododendren reihen sich ein und gliedern den Garten. Geschwungene Beete schmiegen sich an und werden mit weiß blühenden Stauden bepflanzt. Zierliche Anemonen *(Anemone)* und Glockenblumen *(Campanula),*

Pflanzen bilden nur eine winzige Auswahl; die jeweils für Ihre Gegebenheiten passenden müssen Sie sich mit Hilfe von Literatur, Katalogen und Angeboten in den Fachgeschäften selbst erarbeiten. Viele Pflanzen gibt es in den verschiedensten Farben – für den Weißen Garten kaufen Sie einfach die weiße Sorte. Und sollten Sie eines Tages keine Lust mehr auf Weiß haben, beginnen Sie am besten bei den Stauden und führen eine oder zwei zusätzliche Farben ein, um damit Ihrem Garten im Lauf der Zeit ein ganz neues Gesicht zu geben.

Es braucht nicht viel Platz im Garten, um diese romantische Idylle vor einer Hecke hervorzaubern zu können.

die hohe Silberkerze *(Cimici-fuga)*, niedriger Lerchensporn *(Corydalis)* und Elfenblume *(Epimedium)* wachsen vor den Gehölzen, während Funkien *(Hosta)* mit ihren ausdrucksvollen Blättern grüne Inseln bilden und niedriger Steinbrech *(Saxifraga)* einen nahtlosen Übergang zu Rasen oder Gehweg schafft. Unendlich viel Kombinationen sind möglich, und je nach dem Geschmack der Gestalter wird der weiße Schattengarten entweder von duftig leichten Blütenwolken oder weitläufigen, nur von etwas Grün oder Grau durchbrochenen Blütenflächen dominiert werden. Scheuen Sie sich nicht, ganz unterschiedliche Blütenformen zu mischen; gerade im Weißen Garten macht dies den besonderen Reiz aus.

Weißer Garten in voller Sonne
Rosen in allen Formen, Zierkirschen *(Prunus)*, weißer Mohn *(Papaver)* und Gänsekresse *(Arabis)*, hoher Fingerhut *(Digitalis)*, stachelige weiße Kugeldisteln *(Echinops)*, Phlox, Rittersporn *(Delphinium)* und niedrige Nelken *(Dianthus)*, weiße Astern im Herbst – vor der dunklen Kulisse einer Schnitthecke oder einer verwitterten Klinkermauer fügen sie sich zu einem Traum in Weiß. Auch hier gilt:

Die großen Gehölze und Stauden verwenden Sie im Hintergrund, niedrigere und grazile verbreiten ihren Charme in den vorderen Reihen. Pflanzen Sie auch hier Tuffs, durchsetzen Sie ruhige, niedrige Flächen mit schön gruppierten höheren Stauden und denken Sie an die unterschiedlichen Blütezeiten der Stauden und Gehölze.

Hier wird das Weiß durch einjährige rosa Bechermalven unterbrochen.

Ein Blättergarten im Schatten

Riesige dunkle Blätter, von denen der Morgentau perlt, grazile Wedel, schlanke Halme – ein Blättergarten ist zu jeder Jahreszeit etwas Besonderes. Zwar treten die Blüten hier in den Hintergrund, ihre Farben und Formen dürfen jedoch deshalb bei der Planung nicht außer Acht gelassen werden. Gestalten Sie mit großen, unregelmäßigen Platten, verschlungener Wegeführung und Wasserbecken – und genießen Sie Ihren pflegeleichten Schattengarten.

Pflanzen für den Blättergarten
Lassen Sie Wände, Mäuerchen und Klettergerüste mit Efeu *(Hedera)* bewachsen, gesellen Sie die hübschen Blätter der Kletterhortensie *(Hydrangea*

anomala ssp. *petiolaris)* dazu und freuen Sie sich über die dunklen Nadeln der Eibe *(Taxus)* und das gezackte Laub der Stechpalmen *(Ilex)*. Dazu passen Rodgersien mit ihren riesigen Blättern, panaschierte Funkien *(Hosta)*, grazile Astilben und immergrüner Kirschlorbeer *(Lonicera)*. Die Zwischenräume beruhigen Sie mit niedrigen, immergrünen Bodendeckern, zum Beispiel einer Fläche aus niederliegender Scheinbeere

Vergessen Sie nicht, dass es auch für den Weißen Garten viele Frühjahrsblüher gibt und setzen Sie die weißen Tulpen, Narzissen und Schneeglöckchen großflächig, damit das Strahlen richtig zur Geltung kommt.

Ein Heidegarten

Sommer- oder Winterheide, *Calluna* oder *Erica* – ein Heidegarten ist nur dann schön, wenn auf die natürliche Herkunft, auf Ansprüche und Nachbarpflanzen mit dem nötigen Respekt und Wissen eingegangen wird. Einige Spezialkenntnisse sind deshalb nötig, um das Vorgärtchen in eine blühende Heidelandschaft zu verwandeln. So ist es wichtig, sich an der Herkunft der Arten zu orientieren und den hübschen kleinen Sträuchern passende Pflanzen zur Seite zu stellen.

Azaleen, Farne und Schaublüte dominieren diesen Eingangsbereich im Schatten des Hauses. Tontöpfe und rötliches Kleinsteinpflaster vermitteln Wärme und Geborgenheit.

(Gaultheria). Auch hohe, gelb blühende *Ligularia* mit zartem Laub, wuchernde Taubnesseln *(Lamium)* und getupftes Lungenkraut *(Pulmonaria)* ergänzen sich und können das Bild vollkommen verwandeln. Auf keinen Fall fehlen dürfen Farne mit ihren oft imposanten Wedeln, die besonders als großer Tuff beeindruckend wirken.

Unzählige Kombinationen sind möglich. Am schönsten wirkt so ein Blättergarten jedoch, wenn Sie mit möglichst wenigen Arten arbeiten und das Motiv immer wiederkehren lassen.

Mit Hilfe von Storchschnabel, Knöterich, bunten Funkien und feingliedrigen Farnen lassen sich auch schattige Bereiche in Augenweiden verwandeln.

Hier ist der Heidegarten zu Hause! Dieser ruhig wirkende Vorgarten nimmt die Vegetation der Umgebung auf und wird auf diese Weise zu einem Teil der Landschaft.

Blüte im Winter: *Erica* aus dem Alpenraum

Azaleen, schwach wachsende Kiefern, Seidelbast *(Daphne)*, Ginster und feingliedrige Gräser sind ideale Begleiter für die Heidekraut-Arten aus den Alpen. Gesellen Sie noch Frühjahrsblüher wie Krokusse, Botanische Tulpen und winzige Narzissen sowie ganzjährig buntlaubige Spindelsträucher *(Euonymus)* dazu und genießen Sie die roten, rosa und weißen Blütenteppiche der Winterheide *(Erica carnea)* im späten Frühling. Die blütenlose Zeit wird mit Hilfe von Glockenblumen *(Campanula)*, Akelei, kleinen Nelken *(Dianthus)*, Enzian *(Gentiana)*, *Iris* und anderen Alpenschönheiten überbrückt. Rohhumus ist wichtig; ansonsten gedeiht *Erica* auf sauren wie auf kalkhaltigen Böden.

Lässt die Lüneburger Heide erglühen: die Sommerheide

Ab August blüht *Calluna,* die Sommer- oder Besenheide. Ihre rosa, weißen oder lilaroten Blüten verwandeln viele Flächen in Mittel- und Norddeutschland in traumhafte Blütenteppiche. Von Wacholder, Birken und Kiefern begleitet, wächst sie in ihrer

Beiden Arten eigen ist ihre Abneigung gegen tropfende Nässe, sie wollen den Himmel frei über sich, ohne jedoch den ganzen Tag über der prallen Sonne ausgesetzt zu sein. Auch reicht normaler Gartenboden in der Regel nicht aus, Bodenverbesserung oder im Notfall Bodenaustausch kann nötig werden. Das ist dann gleich ein guter Anlass, den Vorgarten passend umzugestalten. Eine hügelig modellierte Mini-Landschaft passt zu beiden Heiden. Lassen Sie einen Kiesweg hindurchschlängeln oder pflastern Sie mit Holz. Auch rustikale Accessoires passen hierher, etwa eine alte Wurzel, dekorativ platziert, ein Bänkchen aus Naturholz oder ein ansprechendes Vogelhäuschen.

Trotz der hüschen Blüten wird ein Heidegarten immer ein sehr »ruhiger« Garten sein, unspektakulär, bodenständig. Aber auch mit dem nötigen Respekt zu behandeln. Wahllos dazugekaufte undefinierbare Arten und Sorten aus dem Supermarkt, Mischungen aus *Erica* und *Calluna* haben in Ihrem Heidegarten nichts verloren.

Bunte Mischung auf begrenztem Raum, ideal für kleine Vorgärten.

Heimat auf durchlässigem Sandboden und möchte diese Voraussetzungen auch in unserem Garten vorfinden. Für ein gutes Gedeihen ist allerdings Kalkfreiheit nötig – ein Bodenaustausch ist demnach in manchen Gegenden ratsam. Auch hier können Sie Ihren Vorgarten hübsch modellieren, einen Naturweg hindurchführen und sich den ganzen Sommer über an den winzigen Blütchen freuen. Zur Sommerheide passen Rhododendren und Ginster, kleinwüchsige Weiden und Gräser aller Art. Tränendes Herz *(Dicentra)*, Königskerze *(Verbascum)* und Veilchen *(Viola)* ergänzen

die Pflanzung. Aber bitte bei all den vielen Möglichkeiten nicht vergessen: Unser Star ist das Heidekraut, entsprechend großflächig sollte es auch verwendet werden.

Ein wenig unnahbar: der Kiesgarten

Im Idealfall strahlt ein Kiesgarten eine unerschütterliche Ruhe aus und besitzt trotz seiner runden Kiesel und natürlichen Steinformen eine klare Linie und unvergleichliche Eleganz. Dabei spielt es keine Rolle, ob Farne und Moose den Kiesgarten im feuchten Schatten dominieren oder auf der Südseite des Hauses gleißendes Licht und exotische Fackellilien *(Kniphofia)* die Steine begleiten.

Japanisches Flair

Ein gerader Plattenweg, durchbrochen von quer eingebauten Natursteinriemen, ausgesparte Flächen mit runden Kieseln verfüllt, beiderseits des Weges Flächen aus grobem weißem Rundkies, nur von einigen wenigen Findlingsgruppen durchbrochen – dies ist eine Möglichkeit, dem Vorgarten einen außergewöhnlichen Anstrich zu geben.

Die großen Steine müssen Sie von einer Firma anliefern und gleich an den richtigen Ort setzen lassen; sie sollen lagernd, schwer in einem Meer aus Kies liegen.

Pflanzen Sie ganz sparsam, eine schöne Krüppelkiefer vielleicht, wenige Azaleen, einen klein bleibenden Schlitzahorn *(Acer palmatum* 'Dissectum'), und kombinieren Sie dazu eine zierliche Steinlaterne oder einen Stein als Vogeltränke. Um ein Vermischen von weißen Steinen

Diese Steinlaterne harmoniert mit Kieseln und einem kleinen Wasserbecken.

Eingerahmt von Carports lässt sich eine Traumwelt verwirklichen, mit plätschernder Wasserwand, kleinem Wasserbecken, geheimnisvollen Findlingen und zarten Azaleen.

dann entsprechend verändern, und ein Trockenmäuerchen zieren Polsterstauden.

Wandelbarer Topfgarten

Blumentöpfe und Kübel verschiedenster Dimensionen und Ausführungen aus Terrakotta, Holz, glasiertem Material oder Metall können hübsch arrangiert und überaus vielfältig bepflanzt werden. Gestalten Sie ganz nach Ihrem Geschmack ein buntes Gemisch aus verschiedensten Töpfen und Töpfchen

und Erdreich zu vermeiden, können Sie auf das Erdreich ein wasserdurchlässiges Flies legen, die Pflanzflächen aussparen und dann den Kies auf dieser sauberen Schicht verteilen. So verhindern Sie zudem, dass unerwünschtes Pflanzenwachstum zwischen den Steinen aufkeimt.

Trockenes Kiesbeet auf der Sonnenseite

Besonders unter Dachvorsprüngen ist es oft sehr trocken, so dass dort nichts so recht gedeihen will. Legen Sie hier ein Kiesbeet an. Beginnen Sie direkt an

der Haus- oder Garagenwand und »arbeiten« Sie sich von dort in den Garten vor. Als Abschluss des Beetes bieten sich ein geschwungener Weg oder ein Teich an, wenn Sie die Kiesfläche etwas erhöht anlegen wollen, auch eine stützende Trockenmauer. Verteilen Sie anschließend ganz spärlich ausgesuchte Sonnenanbeter in Ihrem Beet, also zum Beispiel Fackellilien *(Kniphofia)*, grazile Gräser, Katzenminze *(Nepeta)*, Nachtkerzen *(Oenothera)*, Prachtscharte *(Liatris)* oder anderes, was Hitze und Trockenheit verträgt. Zu einem Teich hin wird sich die Vegetation

Ein Bach aus Kies, begleitet von Gräsern und Stauden, die Trockenheit lieben.

Mediterrane Düfte neben der Hausbank lassen Urlaubsstimmung aufkommen.

oder verwenden Sie gleichartige Kübel und setzen diese sparsam entweder in kleinen Pulks oder geometrisch ein.

Topfgärtchen haben den Vorteil, dass sie in allen vorhandenen Gartenräumen verwendet werden können. Beginnen Sie bei der Haustüre, lassen Sie Ihre Töpfe in den Gärten »ausufern« und greifen Sie dieses Thema in Ihrem Garten immer wieder auf. Einfache gerade Zugangswege, fantasielose Einfahrten, proble-

matische Schattenzonen können auf diese Weise schnell und individuell aufgemöbelt werden. Bei der Wahl der Töpfe sollten Sie darauf achten, dass sie frostfest sind. Mitbringsel aus fernen Ländern sind dies häufig nicht. Planen Sie für diese Gefäße deshalb einen Überwinterungsplatz im Haus ein. Auch oft als winterfest verkaufte Terrakottaware, sei sie nun glasiert oder roh, platzt nur dann zuverlässig im Winter nicht, wenn sie ein Abzugsloch besitzt. Allzu oft schon hat über Nacht zu Eis erstarrtes Wasser einen teuren Übertopf zerspringen lassen.

Womit bepflanzen?

Jedes Jahr ein neues Gesicht – die **Saisonbepflanzung** macht es möglich und schafft im Jahreslauf immer wieder neue Blickfänge: Das Frühjahr grüßt mit Zwiebelblumen wie Tulpen und Narzissen, bald kommen die hübschen Gesichtchen der Stiefmütterchen dazu, und nach und nach folgt die ganze Palette der Sommerblumen. Hier können Sie testen und experimentieren, Vorlieben entwickeln – und, wenn etwas gar nicht recht gedeihen will, einfach durch etwas Passenderes ersetzen. Im Herbst kaufen Sie dann Heide-

kraut dazu und kombinieren es mit Kiefern- und Fichtenzweigen. Gerade für die Saisonbepflanzungen eignen sich je nach Jahreszeit dazugeordnete kleine Gartenkugeln, ein hübsches Windrad für die Kinder, künstlerisch gestaltete Windlichter und in der Weihnachtszeit glitzernde Kugeln und Lichterketten.

Wer sich nicht jedes Jahr viel Arbeit mit Neupflanzungen machen will, kann die Gefäße auch mit **dauerhaften Pflanzen,** also Nadelgehölzen, klein bleibenden Sträuchern, mit Rosen, Rhododendron, überwinternden Stauden und Gräsern begrünen. Dabei muss jedoch bedacht werden, dass die Pflanzen im Laufe der Jahre erheblich an Höhe und Umfang zunehmen können. Denken Sie bereits bei der Sortenwahl und der Wahl des Gefäßes daran und planen Sie ein wenig Spielraum ein. Stauden haben den Nachteil, dass sie im Herbst ihr Laub einziehen und daher im Winter und Frühjahr wenig Attraktives in Ihren Blumentöpfen zu sehen ist. Hier helfen Tannen- und Fichtenzweige im Winter und Zwiebelblumen im Frühjahr, die gestalterische Durststrecke zu überwinden.

Eine andere höchst dekorative Möglichkeit besteht darin, Immergrünen wie Buchs und Thujen im Laufe der Jahre einen ganz individuellen Formschnitt zu verpassen, Lavendel kugelförmig zu gestalten oder Drahtgebilde mit Efeu zu verschönern. Der Fantasie sind hier keine Grenzen gesetzt. Hübsch sind auch **Wassertröge** in verschiedenen Größen und Höhen, mit Seerosen, Binsen und anderen Wasserpflanzen bestückt. Holzkübel, Steintröge

Auf dem Weg zur Haustür naschen – im Bauerngärtchen ist dies möglich.

und alles, was bei Frost nicht platzt, darf Verwendung finden. Vielleicht kann der eine oder andere Trog das Regenwasser aus der Dachrinne aufnehmen und an niedrigere Gefäße weiterleiten. Bitte immer eine **Ausstiegshilfe für in Becken, Teich oder Brunnen gefallene Tiere** einbauen!

Seit Jahrhunderten: Kräuter und Gemüse vor dem Haus

Ist der Vorgarten groß genug und liegt er nicht direkt an einer stark befahrenen Straße, könnten Sie es so einrichten, dass man auf dem Weg zum Haus zuerst einen hübschen Gemüsegarten durchquert. Voraussetzung sind ein sonniger Vorgarten, ein Zaun gegen ungebetene Erntehelfer und ein breiter Hauptweg zur Eingangstüre hin. Besonders schön ist so ein Gärtchen, wenn die Beete mit niedrigem Buchs eingefasst sind, die Wege in Kreuzform verlaufen und sich in der Mitte zu einem kleinen runden Platz vereinen. Hier kann dann ein hübscher Brunnen, eine Rosenpyramide oder ein hochstämmiger Apfelbaum Blickpunkt werden. Aber es muss nicht immer

Gemüse sein. Die Beetflächen lassen sich auch mit duftenden Kräutern füllen, und bereits auf kleinstem Raum gedeihen Kräuter und Gewürze vor einem wärmenden Mäuerchen, in Töpfen oder auf einer Kräuterspirale.

auf einen blick

- Themengärten erfordern ein gewisses Maß an Disziplin, damit sie als solche erkannt und zufrieden stellend erhalten werden können.
- Haben Sie sich für ein Thema entschieden, sollten Sie es nicht mit Kompromissen aufweichen, sondern dem einmal gewählten Motto treu bleiben.
- Besonders das Thema »Pflanze« kann ein faszinierendes Hobby sein und hat im Laufe der Jahre so manchen Blumenliebhaber zu einem echten Spezialisten werden lassen.
- Auch beim Themengarten ist nichts »starr«. Lassen sich vielleicht die technischen Gegebenheiten nicht ändern, so haben Sie doch die Möglichkeit, mit Hilfe von Pflanzen, bunten Accessoires oder dem neuen Farbton der Fensterläden einen völlig anders und neu wirkenden Vorgarten zu gestalten.

Vom Plan zur Wirklichkeit

Ohne genaues Aufmaß, ohne Material- und Handwerkskenntnisse
wird der Bau des Vorgartens problematisch. Schnell hat man
sich verschätzt, zu viel oder zu wenig Erde gekauft, einen Teil der
Gehwegplatten wieder zum Gartencenter zurückgefahren und
viel Zeit durch unsinnige Tauschaktionen vertan.

Kleine Flächen lassen sich durch gekonnte
Pflasterungen ungemein aufwerten.

Nun ist es soweit – Ihr Vorgarten nimmt zumindest auf dem
Papier realisierbare Gestalt an.
Am besten nehmen Sie jetzt die
von Ihnen favorisierte Skizze mit
in den Vorgarten, vergleichen
Plan und Wirklichkeit, messen
knifflige Stellen noch einmal
genau nach und machen sich
dann an die Detailplanung.
Inzwischen muss auch feststeh-
hen, welche Materialien verbaut
werden sollen, ob Natur- oder
Betonstein, Holz oder Kies, wie
Rankgerüste und Pergola auszu-
sehen haben, wo genau Kabel
für Klingel- und Lichtanlagen,
Rohre für Abwasser, Teich oder
Springbrunnen verlaufen sollen.
Beet- und Rasenflächen werden
festgelegt und Bestellungen
getätigt sowie alle Käufe und
Lieferungen koordiniert.
Auch hier gilt immer: Genau
arbeiten, lieber einmal zu viel

nachmessen, besser noch einmal rechnen, bevor Sie mit Elan
an die Arbeit gehen.

Gute Planung spart Geld und Nerven

- Zeichnen Sie einen genauen
  Detailplan im Maßstab 1:50
  (1 m in Wirklichkeit entspricht
  2 cm auf dem Papier) oder, für
  ganz besonders schwierige Details, im Maßstab 1:10, am besten wieder wie bereits beim
  Aufmaß (siehe Seite 10) be-
  schrieben auf Millimeterpapier.
- Zu diesem Zeitpunkt müssen
  die Plattengrößen feststehen,
  denn daraus ergeben sich die
  genauen Wegebreiten und
  Platzgrößen. Ebenfalls jetzt
  sollten Fertigteile für Mäuerchen, einzubauende Wassertröge und Sichtschutzelemente
  bestellt werden.
- Erstellen Sie eine Liste mit allen
  Baustoffen, allem Zubehör, allen
  benötigten Mengen, eventuel-
  len Lieferanten, Lieferzeiten,
  Leihmöglichkeiten für Werk-

zeug und Maschinen, Preisen
und allem, was Ihnen im Laufe
der Planungen einfällt.
- Bestehen noch Unklarheiten,
  lesen Sie jetzt, vor Baubeginn,
  in speziellen Fachbüchern
  über das entsprechende Thema
  nach, erkundigen Sie sich bei
  Behörden und Gartenbauver-
  einen, in Bau- und Gartencentern oder beim Steinmetz.
  Beauftragen Sie für besonders
  knifflige Arbeiten lieber eine
  Gartenbaufirma.
- Legen Sie jetzt auch fest,
  wo genau Beete und Pflanzflächen angelegt werden
  sollen, wo der Hausbaum, das
  Gerätehäuschen und das Mülltonnenhäuschen ihren endgültigen Platz erhalten werden.
- Zeichnen Sie alle technischen
  Gegebenheiten wie Abwasser-
  rohre, Kanaldeckel, Lichtschächte, elektrische Leitungen usw. in Ihren Plan ein.

◀ Noch ist er klein, der Ginkgo-Baum,
aber im Lauf der Jahre wird er den Eingangsbereich dominieren und zum Be-
schützer werden.

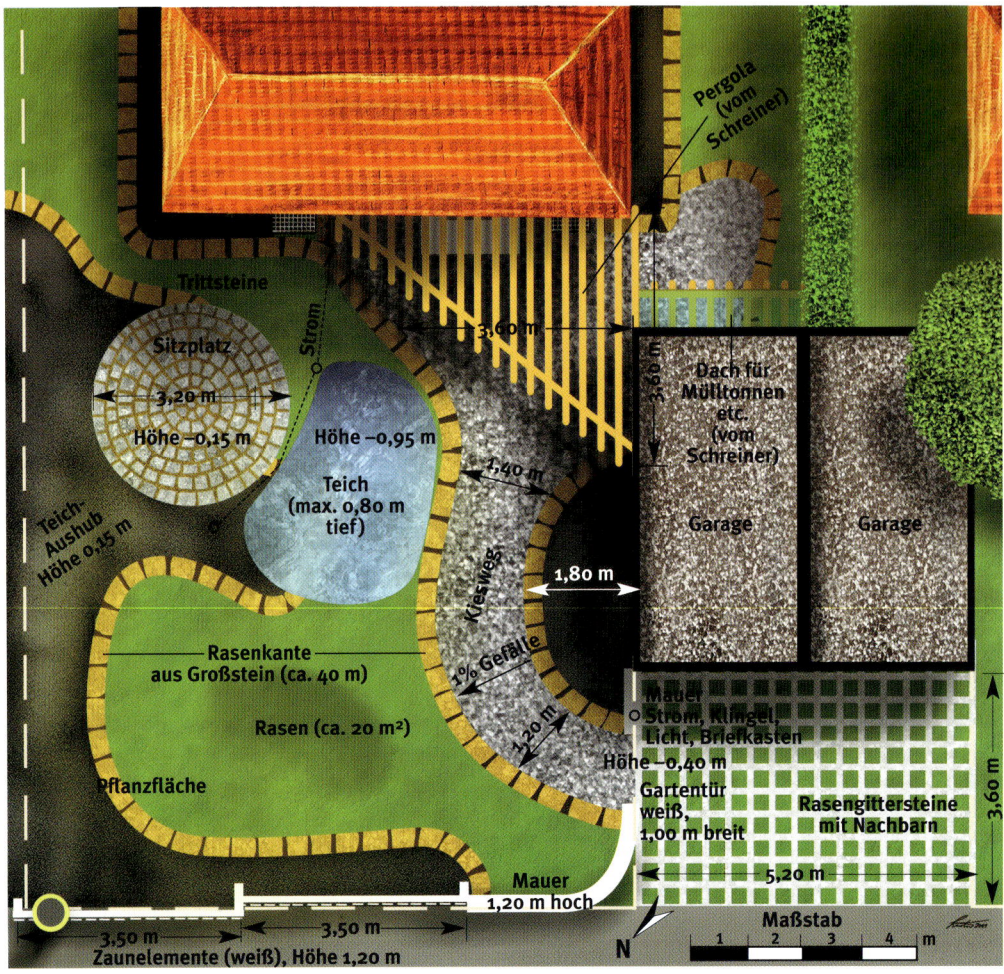

Labels within the plan:

Pergola (vom Schreiner)

Trittsteine

Sitzplatz
3,20 m
Höhe –0,15 m

Strom

3,60 m

Dach für Mülltonnen etc. (vom Schreiner)

Höhe –0,95 m

Teich (max. 0,80 m tief)

1,40 m

Teich-Aushub Höhe 0,15 m

Garage   Garage

Kiesweg

1,80 m

Rasenkante aus Großstein (ca. 40 m)

1% Gefälle

Rasen (ca. 20 m²)

1,20 m

Mauer Strom, Klingel, Licht, Briefkasten

Höhe –0,40 m

Pflanzfläche

Gartentür weiß, 1,00 m breit

Rasengittersteine mit Nachbarn

3,60 m

5,20 m

Mauer 1,20 m hoch

3,50 m

3,50 m
Zaunelemente (weiß), Höhe 1,20 m

Maßstab
1 2 3 4 m

N

Nun ist es soweit, alle Maße und Details, Wegebreiten, Pflaster- und Pflanzflächen, Zaunelemente, Tonnenhäuschen und vieles mehr müssen in einen Plan (siehe Seite 11) genau eingezeichnet werden. Er bildet die Grundlage für die Einkaufsliste.

- Berücksichtigen Sie die Anschlusshöhen an die Gebäude und den Gehweg, alle Gefälle- und Geländemodellierungen und vermerken Sie sie im Plan. Schreiben Sie dabei unbedingt auch die endgültigen Höhen zum Beispiel der Plattenflächen ein und berechnen daraus dann die entsprechende Aushubtiefe für das jeweilige Bauwerk bzw. die Rasen- und Pflanzflächen.
- Entwerfen Sie einen genauen Pflanzplan (siehe Seite 81), auch wenn Sie zuerst mit den Ausführungen der technischen Details in Ihrem Vorgarten beginnen.
- Im Allgemeinen gilt: Je umfangreicher und genauer die Vorplanung, desto zeit-, kosten- und nervensparender kommen Sie letztlich ans Ziel.

Und nun ans Werk!

Die Planung steht, das Material ist ausgewählt und wartet darauf, verarbeitet bzw. eingebaut zu werden. Doch womit fange ich an?

Soll nur ein neuer Zugangsweg gepflastert und die restliche Fläche mit Rasen und Blumenrabatten gestaltet werden, so empfiehlt es sich, alles Erdreich in diesem Bereich auf etwa 40 cm Tiefe zu entfernen. Weg und Pflanzflächen werden sodann mit Hilfe von Holzpflöcken und Schnur markiert, und man beginnt mit dem Unterbau und dem Pflastern des Weges. So haben Sie bereits einen festen Untergrund, um darauf Erde und Pflanzmaterial zu transportieren.

Tipps aus der Praxis

- Kabel für die Beleuchtung oder Leitungen für Springbrunnen oder Bewässerung werden jetzt in frostfreier Tiefe, mindestens jedoch spatenstichtief verlegt. Danach kann gepflanzt und zum Schluss der Rasen angelegt werden.
- Etwas schwieriger ist es, eine sinnvolle Reihenfolge festzulegen, wenn mehrere Einbauten miteinander kombiniert werden müssen. Generell sollte auch hier zuerst mit den befestigten Flächen, den Treppen, mit Mäuerchen, Wasserbecken und Pergolen begonnen werden, bevor die Pflanzen und zum Schluss der Rasen an die Reihe kommen.
- Wenn Sie zwischen Rasen und Pflanzung eine Pflasterreihe oder hübsche Platten als Rasenkante legen wollen, werden Sie diese Arbeiten zweckmäßig nach dem Aufbringen der Erde erledigen. Hierfür ist kein Unterbau nötig, Sie entfernen nur etwas Erde, bringen ein wenig Splitt auf und setzen bzw. verlegen Ihre Abgrenzung.
- Die Hecke, sei es nun eine geschnittene oder freiwachsende, pflanzt man am einfachsten nach dem Bau des Gartenzaunes. Dies hat den Vorteil, dass Abstand und Verlauf eindeutig zu ermitteln sind und die Pflanzen unbehelligt anwachsen können.
- Wird für den Aushub des Gartenteiches, für Bodenmodellierungen oder das Pflanzen eines großen Baumes eventuell schweres Gerät benötigt, haben diese Elemente Vorrang. In diesem Fall erst nachher die empfindlichen Plattenwege anlegen, Zaunelemente

Nicht vergessen: die Wasserleitung bereits bei der Gartenanlage einplanen!

einhängen und Rankgerüste anbringen.
- Nutzen Sie die Möglichkeit, bereits beim Haus- oder Garagenbau feste Einbauten mitbetonieren zu lassen.

Spezielle Maschinen wie Rüttler und Stampfer für die Wegebauarbeiten, schwere Bohrmaschinen für den Pergolabau und vieles mehr können gegen Gebühr ausgeliehen werden. Fragen Sie im nächsten Gartencenter oder einem Werkzeugfachgeschäft nach.

Ruhiges, in zarten Rottönen gehaltenes Pflaster, kühles Weiß, klein bleibende Kugel-Robinien und feinblättrige Kletterpflanzen bestimmen diesen schattigen Einfahrtsbereich.

Der Untergrund muss stimmen

Wege, die der normalen Nutzung unterliegen, kommen in der Regel ohne besonders aufwändigen Unterbau aus. Bedenklicher wird dies bei Garagenzufahrten und Garagenvorplätzen. Hier darf zwar bei Pflasterungen und gut durchlässigem Boden auf einen Unterbau verzichtet werden, doch können die Platten ohne oder bei nicht genau gearbeitetem bzw. zu weichem Untergrund leicht brechen.

Wege, Zufahrten und Plätze

Wege und Flächen im Vorgarten müssen zu jeder Zeit sicher und stolperfrei benutzbar, genügend breit und so geplant sein, dass keine Trampelpfade nötig werden. Egal, ob Sie auf geradem oder geschwungenem Weg, auf teurem oder billigem Material,

Die Zugangswege nicht zu schmal konzipieren. Für eine Person mit Einkaufstasche muss mindestens 1 m Breite gerechnet werden, bei seitlicher Bepflanzung eher mehr.

durch technisch-modernen oder verspielt-mediterranen Raum auf Ihren Hauseingang zukommen – zwei Dinge müssen stimmen: die optische Harmonie mit Haus und Umgebung und die Technik. Anschließend deshalb ein kleiner Überblick über gängiges Wegematerial und die wichtigsten Anleitungen für den Bau der Wege und Plätze. Messen Sie aus, welche Maße Ihr Familienauto hat. Schließlich sollen Abstellplatz und Carport die richtige Größe erhalten. Und drei Fahrräder in Reihe haben einen nicht zu unterschätzenden Platzbedarf; testen Sie dies einmal in der Praxis.

Das Verlegen von Platten

Ob Sie nun die preiswerteren Beton- oder teure Natursteinplatten verwenden, eines ist gleich: die Art des Verlegens.
• Für Zugangswege, die keinen starken Belastungen ausgesetzt sind, für Wegerweiterungen und für kleine Plätze reicht es aus, die zu belegende Fläche nach Plan abzustecken, ein leichtes Gefälle (1–3 %, immer vom Gebäude weg) einzuplanen, die Endhöhen mit Hilfe von Holzpflöcken und Spannschnüren zu markieren und wasser-

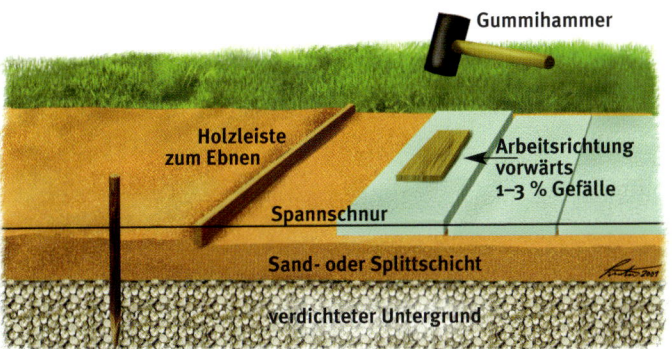

Gummihammer

Holzleiste zum Ebnen

Arbeitsrichtung vorwärts 1–3 % Gefälle

Spannschnur

Sand- oder Splittschicht

verdichteter Untergrund

Ist altes Pflastermaterial vorhanden, prüfen Sie, was noch verwendungsfähig ist, und kombinieren Sie diese alten, oft schon patinierten Platten mit neuem Material anderer Prägung.

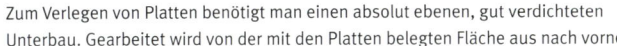
Zum Verlegen von Platten benötigt man einen absolut ebenen, gut verdichteten Unterbau. Gearbeitet wird von der mit den Platten belegten Fläche aus nach vorne.

Sandstein-Platten, kombiniert mit farbigen Kleinsteinmaterialien.

durchlässiges Material, also Sand oder Splitt, aufzubringen.

- Nicht befahrene Wege erhalten auf dem verdichteten Untergrund eine etwa 15 cm dicke Schicht Sand 0,2 bis 1 mm, den Sie mit der Gartenbrause anfeuchten. Auf dieser glatten und ohne Senken und Dellen vorbereiteten Schicht verlegen Sie die Platten, verfugen mit Sand und kehren diesen feucht ein. Nach ein paar Tagen hat sich der Sand meistens etwas gesetzt, und es empfiehlt sich, das Verfugen zu wiederholen.

- Der Plattenbelag für die Garagenzufahrt muss einen stärkeren Untergrund erhalten: Etwa 30 cm gut verdichteter Kiesunterbau plus 15 cm Sandschicht

reichen jedoch in aller Regel aus.

- Sie können Platten auch auf Magerbeton (als Fertigmischung im Baumarkt zu kaufen) verlegen, wobei in diesem Fall ganz besonders auf ausreichendes Gefälle zu achten ist. Die Fugen werden dicht mit Spezialmörtel verschlossen, so dass kein Wasser eindringen, aber auch kein Pflänzchen mehr wachsen kann. Leider verträgt sich mancher Naturstein nicht mit dem im Beton verwendeten Kalk, so dass nach kurzer Zeit wenig schöne Ausblühungen das teuere Material verunzieren. Um solchen Enttäuschungen zuvorzukommen, sollte Rat im Fachhandel eingeholt werden.

Ruhiges Granitpflaster harmoniert mit der bunten Türarchitektur.

Schön aber meist teuer: Natursteinplatten

Gut verlegte Natursteinplatten verleihen jedem Vorgarten einen großzügigen, je nach Verlegeart charmanten, eleganten oder rustikalen Anstrich. Sie können Natursteinplatten als bruchraue, unregelmäßige oder aber fein gesägte, gleichmäßig geschnittene Platte kaufen, können verspielte, aber auch ganz kühle, klare Formen gestalten. Der höhere Preis zahlt sich im Lauf der Jahre durch große Haltbarkeit und gleich bleibende Schönheit aus. Ob Sie rustikalen Nagelfluh, grauen Granit oder Sandstein in seinen vielen Schattierungen, Schiefer oder rötlichen Porphyr bevorzugen – versuchen Sie einen Steintyp Ihrer Gegend zu verwenden. Dies erspart zum einen die hohen Transportkosten, zum anderen wirkt gerade in ländlichen Gegenden ein heimischer Stein oft sehr viel schöner als ein Exote. Versuchen Sie, allzu breite Fugen und Kreuzfugen zu vermeiden – das Verlegen unregelmäßig geformten Materials verlangt sehr viel Fingerspitzengefühl und handwerkliches Geschick. Hier sind geeignetes Werkzeug sowie Kenntnisse über das Verhalten des Gesteins bei der Bearbeitung unerlässlich. Ziehen Sie im Zweifelsfall lieber einen Fachmann zu Rate.

Betonplatten in allen Farben und Formen

Wurden in früheren Zeiten hauptsächlich Waschbeton sowie graue, rote und gelbe Platten verarbeitet, so hat sich das Angebot inzwischen vervielfacht. Gartenplatten mit allen möglichen Prägestrukturen und Farbschattierungen sind auf dem Markt und machen die Wahl schwer. Sie erreichen zwar nie die »Lebendigkeit« von Natursteinplatten, können aber, besonders in Kombination mit zum Beispiel Pflastersteinen oder zwischengefügten Holz- oder Fliesenelementen, ein sehr

Alte Betonplatten ergeben neu verlegt ein buntes und ansprechendes Bild.

ansprechendes Bild ergeben.
Manchmal erkennt man tatsächlich erst auf den zweiten Blick,
dass eine verspielte Kleinsteinfläche aus geschickt verlegten
Betonsegmentplatten besteht.

Schnell gebaut und schön: gepflasterte Flächen

Eine sehr vielfältige, robuste
und relativ einfach zu verwirklichende Möglichkeit, Wege und
Plätze zu gestalten, ist das Pflastern: quadratisch-formell, geschwungen-verspielt, rund –
lassen Sie Ihrer Fantasie freien
Lauf! Pflastermaterial eignet
sich hervorragend als pfiffige Ergänzung zu Plattenflächen, zur
Milderung problematischer Verbindungslinien und als Bindeglied zwischen verschiedenen
Bodenbelägen.

Das Pflastern in der Praxis

- Für Pflasterungen, die auf
  wasserdurchlässigem Untergrund liegen, ist kein Gefälle
  einzurechnen, denn das Regenwasser kann durch die vielen Fugen problemlos in den
  Untergrund versickern.
- Koffern Sie zuerst die zu pflasternde Fläche aus, legen Sie

Große Flächen bieten sich für ungewöhnliche Farb- und Formgebungen geradezu an.
Für das gute Gelingen ist jedoch eine sehr genaue Planung Voraussetzung.

mit Hilfe von Holzpflöcken und
Schnüren den genauen Wege-
und Höhenverlauf fest und
bringen Sie dann 10–15 cm

Schotter auf, den Sie mit
einem speziellen Motorrüttler
(siehe auch Seite 55) festrütteln.

Auch beim Pflastern ist ein guter Unterbau Voraussetzung. Gearbeitet wird von der
unbelegten Seite aus, eine Schnur hilft, die richtige Höhe einzuhalten.

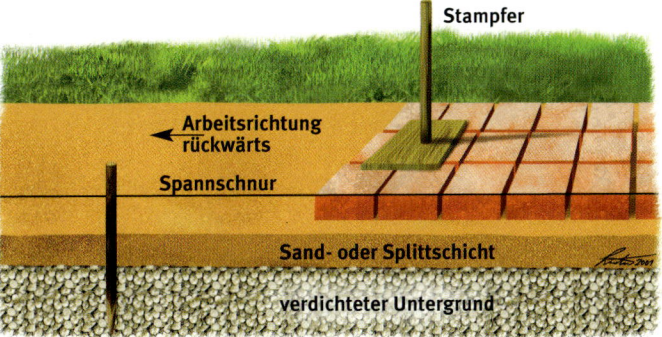

Stampfer

Arbeitsrichtung
rückwärts

Spannschnur

Sand- oder Splittschicht

verdichteter Untergrund

Denken Sie daran, dass sich durch das Rütteln des Unterbaus und der Pflasterflächen das Material etwas setzt. Sie müssen also bei Ihrer Planung für die endgültige Höhe des Pflasters einige Zentimeter zugeben.

- Bei kleinen Flächen erfüllt auch ein dicker Holzpflock diesen Zweck, mit dessen Hilfe Sie den Schotter verdichten.
- Auf die Schotterschicht geben Sie eine 3–5 cm dicke Sand-

schicht, auf die dann die Pflastersteine gesetzt werden. Dabei ist darauf zu achten, dass nicht zu viel »Luft« zwischen den einzelnen Steinen verbleibt. Sie verkeilen sich sonst im Laufe der Zeit und beginnen zu wackeln. Ausnahme: Begrünte Pflaster (siehe Seite 63).

- Nun kehren Sie in die Fugen feuchten Sand, rütteln die Fläche noch einmal und verfüllen die Fugen wieder.
- Zum Schluss schlämmen Sie die Sandpartikel mit dem Gartenschlauch ein.

- Sehr hübsch sieht es aus, wenn Wege aus Kleinstein- oder Wildsteinpflaster von einer Reihe Großpflaster eingefasst werden. Hier empfiehlt es sich, diesen Randsteinen auf der Außenseite mit Hilfe von Magerbeton Halt zu geben. So wird ein Kippen nach außen unmöglich gemacht.

Unendlich viele Möglichkeiten: Natursteinpflaster

Jeder kennt die mehr oder weniger quadratischen Granitsteine, wie sie seit Jahrhunderten im Straßenbau verwendet werden. Es gibt sie aus hellem und dunklem Granit, rotem Porphyr oder auch Marmor in allen Schattierungen zu kaufen. **Mosaikpflaster** mit 3/5 bis 6/8 cm ist das kleinste Format, **Kleinpflaster** hat um die 10 cm Kantenlänge, und **Großpflaster** misst etwa 15/17 cm, wobei hier viel Gewicht bewegt werden muss, denn 10 Tonnen Großpflastersteine ergeben gerade einmal 27 m². In manchen Gegenden trifft man das so genannte **Wildsteinpflaster** an: Hier werden in der Größe einheitlich sortierte unbehandelte Steine verwendet,

Meist problemlos zu verlegen sind Pflasterbeläge, sie eignen sich dank ihrer Vielgestaltigkeit gleichermaßen für Wege und Plätze im Garten.

Rund geschliffene Bachkiesel umrahmen diesen Hausbaum.

Ein hübscher Kreis aus Kleinsteinpflaster unterbricht große Flächen.

Auch mit Betonpflaster lassen sich verspielte Flächen gestalten.

die in allen Richtungen eingebaut werden und ein interessantes, lebendiges Bild entstehen lassen.

Ebenfalls sehr hübsch für kleine Flächen ist **Kieselsteinpflaster.** Rund- und flachgeschliffene Kiesel aus Flussbänken werden mosaikartig verlegt und häufig mit Platten oder anderen glatten Belägen kombiniert.

Betonpflaster, eine kostengünstige Alternative

Allen voran ist hier das so genannte **Verbundsteinpflaster** zu nennen, bei dem in sich greifende Pflastersteine dicht an dicht zu einer gleichmäßigen, meist sehr einheitlichen Fläche verbunden werden. Sie lassen sich wie die Natursteine auf einem glatt gestrichenen Sandbett verlegen. Diese Flächen sind zwar sehr robust, wirken aber häufig etwas steril und unwohnlich. Neuer sind **Betonpflastersteine,** die sich in Form und zum Teil auch Farbe an die Natursteine anlehnen und eine gute kostengünstige Alternative zu Natursteinpflaster darstellen. Einfach ist auch das Verlegen fertiger Elemente, die in Bogenmustern gesetztes Kleinsteinpflaster nachahmen.

Klinker, warm und wohnlich

Vor allem in Norddeutschland sehr beliebt sind hart gebrannte Klinker, die nicht nur durch ihre warmen Rot- oder Gelbtöne bestechen, sondern auch leicht und sehr vielfältig verlegt werden können. Es sind verschiedene Maße im Handel erhältlich. Klinker eignen sich hervorragend als Gestaltungsmittel, um Wege und Plätze zu gliedern und zu unterteilen, Kieswege einzufassen und Mäuerchen abzuschließen. Wichtig ist dabei, hart gebrannte Klinker bzw. Ziegel zu verwenden.

Die zum Hausbau verwendeten gelochten Ziegel sind nicht geeignet, da sie leicht brechen und dem jahrelangen Einfluss von Sonne und Frost auf Dauer schlecht standhalten.

Verlegt werden Klinker auf einem etwa 5 cm starken Sandbett, das auf einer etwa 15 cm dicken, gut verdichteten Kies- oder Schotterschicht aufgebracht wurde.

Dieses Klinkermuster kombiniert sich hervorragend mit Naturstein.

Ein Hauch von Urlaub: Fliesen und Terrakotta

Mediterranes Flair erhält man durch die Verwendung von frost- und rutschfesten Fliesen, die es im Fachhandel in vielen Farben und Formgebungen zu kaufen gibt. Verlegt werden die Fliesen auf betoniertem Untergrund, damit sie nicht brechen und im Laufe der Jahre durch Abnutzung und Frosteinwirkung zerbröseln. Die Fugen werden mit speziellem Fugenmaterial für Fliesen verschlossen, die im Fachhandel erhältlich sind. Leider eignen sich diese Beläge nur für nicht befahrene Flächen. Pflastern Sie also Ihre Einfahrt und nehmen Sie auf dem Weg zum Hauseingang dann zunehmend Fliesen dazu, bis im Treppenbereich nur noch Fliesen verwendet werden.

Wer das Extravagante liebt, kann weitere Fliesen zum Beispiel als Abdeckung für das Tonnenhäuschen oder die gemauerten Pfeiler des Zaunes verwenden, was ein einheitliches, nicht alltägliches Bild ergibt.

Weitere interessante Gestaltungsmöglichkeiten bestehen darin, Pflaster- oder Platten-

Klinkerböden haben eine alte Tradition, und es sind viele verschiedene Verlegemuster überliefert. So gibt es zum Beispiel Fischgrätmuster, Flechtverbände, regelmäßige Laufschichten und mosaikartige Verlegearten. Da Vollklinker auch hochkant gestellt verwendet werden können, ergeben sich durch diese so genannte Rollschicht weitere sehr schöne Verwendungsmöglichkeiten. So wirkt eine dreireihige hochkant gestellte Ziegeleinfassung, kombiniert mit Flusskieseln, ausgesprochen hübsch und ist darüber hinaus sehr stabil.

Klinker, Granit, Porphyr, Marmor, gebrannte Kacheln und noch vieles mehr lässt sich mit etwas Fantasie zu unkonventionellen Variationen zusammenstellen.

flächen mit verschiedensten bunten Fliesen zu unterbrechen, deren Motive sich vielleicht in einer nahen Mauer oder an der Garagenwand wiederfinden, kleine Mosaike einzubauen oder selbst bemalte und glasierte Betonwürfel zu integrieren.

Die grüne Variante: Rasengittersteine

Für wenig befahrene Garageneinfahrten oder Abstellplätze bietet sich die Befestigung mit so genannten Rasengittersteinen an. Hier handelt es sich in der Regel um größere, mit einem Lochmuster versehene Betonformsteine, die sich problemlos verlegen lassen. Der Fachhandel hält inzwischen viele verschiedene Modelle auf Lager, darunter auch schnell zu verlegende Betonsteine mit Abstandshaltern, die genau die richtige, immer gleich bleibende Fugenbreite für die Rasenansaat garantieren. Etwas gefälliger wirken einzeln mit einem Abstand von etwa 2–3 cm gesetzte rote Betonpflaster oder Großpflaster aus Granit, in dessen Fugen Rasen wachsen kann. Für Ihre Anlage koffern Sie die Fläche in entsprechender Tiefe

aus, bringen eine etwa 3 cm starke Splitt-Schicht auf und legen darauf die Lochplatten bzw. setzen Ihre Pflastersteine. Dann wird mit Gartenerde verfüllt, eventuell noch etwas nachverdichtet, mit Wasser eingeschlämmt und der Gebrauchsrasen angesät. Drücken Sie nun die Samen noch ein wenig fest und gießen Sie gut an.

Anstelle von Rasen können Sie auch robuste *Sedum*-Arten, harte, niedrige Ziergräser, einfach nur Moos oder von den Rändern her eingewachsene Bodendecker einsetzen.

Holz als Wegebelag

Zur Gliederung zwischen Steinplatten, als Einfassung von Kieswegen oder einfach nur als Gestaltungselement können Holzpflaster und Holzflächen auch im Vorgartenbereich schöne Effekte erzielen.

Für große Flächen und Wege, besonders in Schattenlagen, eignet sich Holz als Wegematerial jedoch nur bedingt. Es sieht zwar meist sehr warm und wohnlich aus, wird aber bei Regen oft glatt und verrottet ohne Druckimprägnierung an

Rasengittersteine im Eingangsbereich dienen als belastbarer Rasenersatz.

schlecht abtrocknenden Stellen relativ schnell.

Rustikales Holzpflaster

Verlegt werden die runden oder eckigen Holzscheiben unterschiedlichen Durchmessers wie Steinpflaster (siehe Seite 59). Vor allem geschwungene Wegeführungen lassen sich gut mit diesem Material verwirklichen, und auch als Zwischenpflasterung und Gliederungselement bietet sich das Holzpflaster an.

Achtung im Schatten! Plankenwege können sehr rutschig werden.

Verlegt werden die runden oder eckigen Holzscheiben unterschiedlichen Durchmessers wie Steinpflaster (siehe Seite 59). Vor allem geschwungene Wegeführungen lassen sich gut mit diesem Material verwirklichen, und auch als Zwischenpflasterung und Gliederungselement bietet sich das Holzpflaster an.

Vielseitige Eisenbahnschwellen

Häufig verwendet werden auch die so genannten Eisenbahnschwellen aus Holz. Sie sollte man im Fachhandel neu erwerben, da mit den günstig gekauften gebrauchten oftmals schlechte Erfahrungen gemacht werden. Häufig treten aus diesen alten Schwellen im Laufe der Jahre Öl- und Schmierrückstände aus, die Sie dann regelmäßig mit ins Haus tragen. Zudem dürfen seit Anfang der neunziger Jahre teerölimprägnierte Eisenbahnschwellen im Handel nicht mehr verkauft werden.
Druckimprägnierte Holzschwellen werden auf einem Sandbett verlegt und lassen sich mit vielen anderen Materialien kombinieren.

Plankenwege für die Sonne

Eine weitere Möglichkeit ist der Einsatz von druckimprägnierten Holzplanken oder Hartholzbrettern, die auf einem frostfrei einbetonierten Holz- oder Metallgerüst ruhen. Holzplanken dürfen nicht direkt auf der Erde liegen, da sie sonst zu schnell verrotten und sich auch mögli-

cherweise verbiegen. Um der Rutschgefahr vorzubeugen, empfehlen sich Holzbohlen mit eingefräster Nut.
Diese Art der Gestaltung eignet sich allerdings nur für Gehwege und kleine Vorplätze. Für die Garagenzufahrt ist sie nicht stabil genug.

Rindenmulch und Holzhäcksel

Dieses Material ist für Eingangs- und Garagenbereiche nur sehr bedingt empfehlenswert, da die Häcksel zu leicht verrutschen und unnötig viel Schmutz ins Haus getragen wird.

Viel zu selten: zeitlose Kieswege

Eine sehr hübsche und preiswerte Möglichkeit der Befestigung, die immer einen Hauch von Nostalgie in den Garten zaubert, ist der Kiesweg. Dass es sich hier um einen sehr haltbaren, zeitlosen Belag handelt, erkennt man schon daran, dass die viel begangenen Wege in Parks und großen Gärten einfach nur gekiest sind. Auch muss ein Kiesweg nicht immer mausgrau sein: Es gibt schöne rötliche und viele gelbliche bis hin zu weißen Tönen, je nachdem, aus welchem Steinbruch die Kiesel stammen.

Den Kies in Form halten

Um ein Ausufern des Kieses und auch ein unkontrollierbares Einwachsen der Pflanzen von außen in den Weg zu verhindern, braucht die Kiesfläche eine Einfassung. Hierfür eignen sich Klinker als Rollschicht, Großsteine, aber auch Holzpflaster oder unregelmäßige Natursteinplatten. Dieser Rand sollte befestigt werden, das heißt, die verwendeten Randsteine müssen einen »Schuh« aus Mörtel oder Magerbeton bekommen. Auf einer etwa 10 cm dicken, gut verdichteten Kies- oder Schlackeschicht bringen Sie dünn etwas krümeligen Lehm und danach, ganz nach Geschmack, sehr feinen bis groben Kies auf. Feiner Kies verdichtet sich gut und ist deshalb für Eingangsbereiche besser geeignet. Um den Wasserablauf nicht zu behindern, sollte der Weg eine leichte Krümmung besitzen, also ein leichtes Gefälle jeweils zum Wegrand hin.
Soll Rasen an den Kiesweg grenzen, ist es von Vorteil, wenn die Einfassungssteine mit Rasen und Kiesfläche bündig

abschließen. So wird das Rasenmähen nicht zur Qual.
Angrenzende Pflanzflächen und Rabatten können dagegen ruhig etwas erhöht stehen und mit Hilfe einer niedrigen Einfassung im Zaum gehalten werden. Der Weg fließt dann wie in einem ruhigen Bachbett dahin.
Die einzigen Pflegemaßnahmen, die eine Kiesfläche braucht, bestehen in regelmäßigem Abrechen, damit sich Unkraut und Moos nicht halten können, und hin und wieder etwas Kies nachfüllen.

Verschiedene Beläge, geschickt kombiniert

Ein besonderer Blickfang sind individuell zusammengestellte Pflasterkombinationen. Hier sind Ihrer Fantasie keine Grenzen gesetzt. Sie sollten nur darauf achten, dass nicht zu viel Unruhe entsteht und eine klare Gestaltungslinie erhalten bleibt. Vermeiden Sie auch zu vielfältigen Materialmix. Oft besteht die Möglichkeit, bereits vorhandene, noch gut erhaltene Gartenplatten oder Pflastersteine, die schon ein wenig Patina angesetzt haben, wiederzuverwenden. Anders verlegt und mit neuem Material kombiniert,

> Sie wollen vermeiden, dass zu viele Kiesel in die Wohnung getragen werden? Pflastern Sie einfach im Bereich des direkten Hauseinganges eine halbrunde Fläche als »Schmutzsperre«.

können diese ein völlig überraschendes Bild ergeben.
Beim Verlegen müssen Sie die unterschiedlichen Platten- und Pflasterstärken, die Dicke einzubauender Holzbalken oder die »Schlankheit« dünner Fliesen berücksichtigen. Am besten heben Sie das Erdreich für die gesamte Fläche gleich tief aus, bringen etwa 15 cm Kies oder Schlacke aus, verdichten und gleichen dann mit der Sandschicht aus.

Ein Hauch von Nostalgie haftet den zeitlosen Kieswegen an.

Diese Treppe, von bequemen Podesten unterbrochen, gliedert sich harmonisch in die Hanglage ein und wird von der Pflanzung spielerisch begleitet.

Gestalten mit Treppen

Steht das Haus hoch über dem Straßenniveau, ist es meistens unumgänglich, den Höhenunterschied mit Hilfe von Treppenanlagen zu überbrücken. Der tägliche Einkauf für die Familie, der Kinderwagen samt Baby oder schwere Einrichtungsgegenstände ließen sich ohne Stufen und Treppen zwar bedeutend leichter in die Wohnung transportieren, und mancher Höhenunterschied ist vielleicht noch geschickt mit nicht zu steilen Rampen zu überbrücken – in den meisten Fällen jedoch wird man um den Bau einer Treppe

nicht herumkommen. Sehen Sie es positiv, denn hier erhalten Sie die Chance, einen Vorgarten zu gestalten, bei dem das zu überwindende Gefälle nicht zur Last, sondern als Hilfsmittel für einen reizvollen Eingangsbereich wird, dessen Höhenunterschiede mit Hilfe von Treppen, Sitzmauern, Wasserläufen, Podesten und kleinen Plätzen als Gestaltungsmittel bewusst eingesetzt werden können. Die nähere und weitere Umgebung hält viele Beispiele bereit: Testen Sie steile Treppen in den Weinbergen, Stilvolles in Schlossanlagen, Originelles in der Nachbarschaft.

Treppen und Mäuerchen sollten sich immer harmonisch ergänzen. Dass dies mit einfachen Mitteln, hier hübschem Klinker, möglich ist, zeigt dieses Beispiel.

Die wichtigsten Punkte im Überblick:

- Überschreiten Gartenwege eine Steigung von 10 Prozent, so ist es sinnvoll, Stufen oder Treppen anzulegen.
- Eine Treppe sollte nie als Fremdkörper im Garten wirken, sondern sich in das Gelände einfügen.
- Kanten von Stufen, Treppen und Podesten müssen integriert werden und dürfen nicht über das anschließende Gelände hinausragen, da dies unruhig und aufgesetzt wirkt.
- Besonders im Vorgartenbereich hat der Treppenlauf eine ausreichende Breite aufzuweisen, damit er bequem auch mit Gepäck zu begehen ist.
- Gut zu begehen sind Stufen mit Höhen zwischen 9 und 16 cm, wobei die Auftrittshöhe innerhalb einer Treppenanlage nicht wechseln darf.
- Die Stufen und Podeste müssen rutsch- und stolperfrei sein.
- Sehr steile Treppen benötigen einen seitlichen Halt, also entweder ein Geländer oder ein kleines Mäuerchen zur Sicherung.

Von unten nach oben: Treppenbau im Vorgarten

Treppen und Podeste sollen bequem zu begehen sein. Als Anhaltspunkte können die Steigungsformel und die Formel für die Podeste gelten:

Die Steigungsformel für eine bequem zu begehende Treppe lautet:

- Zwei mal Stufenhöhe plus Stufenbreite ergeben die Schrittlänge von 64 cm.
- Wenn Sie also eine flache Treppe mit 10 cm hohen Stufen berechnen wollen, müssen Sie 2×10 cm + Stufenbreite = 64 cm rechnen, die Stufenbreite misst dann 44 cm.
- Eine steilere Treppe mit 14 cm hohen Stufen berechnet sich entsprechend wie folgt: 2×14 + Stufenbreite = 64 cm, was eine Auftrittsfläche von 36 cm ergibt.

Die Formel für Podeste lautet:

- Schrittlänge von 64 cm mal Anzahl der Schritte, die auf dem Podest gegangen werden sollen, plus Stufenbreite ergeben die Maße für ein bequem zu begehendes Podest.
- Wollen Sie nun in eine flache Treppe einen kleinen Platz oder ein Podest einbauen, das drei Schrittlängen groß ist, so rechnen Sie $3 \times 64 + 44$. Das

Podest hat also eine Auftrittsfläche von 2,36 m.

Von oben nach unten:
Stellstufen (oben) dienen als vorderer Abschluss und werden mit Platten, Pflaster oder Kies hinterfüttert, damit sie die nötige Auftrittstiefe erhalten.
Blockstufen (Mitte) sind lagerhaft und schwer, aber auch am einfachsten einzubauen. Sie können aus Beton oder Naturstein bestehen.
Legstufen (unten) sind sehr elegant und schmiegen sich in der Regel perfekt an das Gelände an. Hier werden Platten über einen Unterbau gelegt.

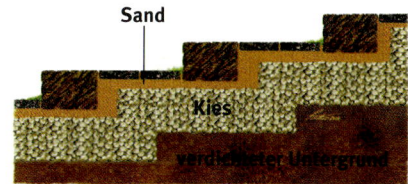

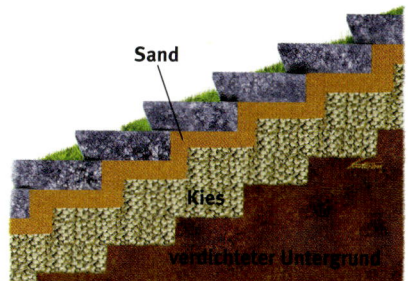

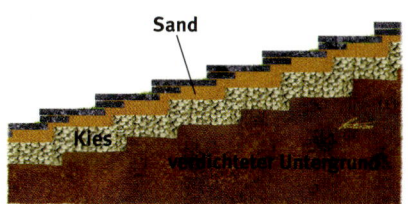

Mit Hilfe der Berechnungen können Sie auf dem Millimeterpapier bereits einen genauen Verlauf Ihrer Treppe einzeichnen und ein wenig ausprobieren, wie sich mit Hilfe von Podesten, Wegeschwüngen und Mäuerchen der Eingangsbereich gestalten lässt. In der Praxis beginnen Sie mit dem Bau der Treppe immer unten und arbeiten sich nach oben vor. Stecken Sie mit Hilfe von Holzpflöcken und Schnüren anhand Ihrer Detailzeichnung das Gelände ab und beginnen Sie den Unterbau vorzubereiten. Dieser wird je nach Stufenart etwas anders ausfallen.

Blockstufen müssen nicht immer »schwer« wirken, wie dieses Beispiel zeigt.

Stufenarten für jeden Zweck

Bei Ihrer Planung hat sich wahrscheinlich schon die eine oder andere Stufenart herauskristallisiert. Sie sollte immer mit dem Belag der befestigten Flächen harmonieren und nicht als Fremdkörper in Ihrer Gartenanlage empfunden werden. Kombinieren Sie zum Beispiel Blockstufen mit regelmäßigen Platten, hinterfüllen Sie Stellstufen mit dem Pflastermaterial Ihres Weges und arbeiten Sie bei den filigranen Legstufen mit den edlen Platten des Vorplatzes.

Lagerhaft und schwer: Blockstufen

Blockstufen sind, wie der Name schon sagt, aus einem Block gefertigt. Und sie sind einfach einzubauen, sieht man einmal von ihrem meist recht hohen Gewicht ab.

Blockstufen aus **Beton** sind in vielen Abmessungen und Ausführungen im Handel erhältlich und können bei Bedarf in Sondermaßen bestellt werden. Schöner, aber auch teurer sind Blockstufen aus **Naturstein,** die es mit unterschiedlichen Oberflächenstrukturen gibt.

Die gängigen **Bordsteine** aus Granit können ebenfalls Verwendung finden, sind jedoch in ihren Abmessungen zu schmal, um für sich allein eine genügend große Auftrittsfläche zu bieten. Hier ermöglicht das Auspflastern mit Kleinstein oder anderem Material eine ausreichend tiefe Trittfläche.

Für den Einbau genügt es in der Regel, den **Untergrund** bereits in Treppenform auszuheben, ihn dann gut zu verdichten und die schwer und satt lagernden Blockstufen leicht überlappend daraufzulegen. Nicht zu vergessen ist eine leichte Neigung von ca. 1 Prozent nach vorne, damit Regenwasser ablaufen kann und sich im Winter keine Eisflächen bilden.

Stellstufen in Variation

Bei dieser Stufenart dient eine hochkant gestellte Platte als vorderer Abschluss einer Stufe, die Auftrittsfläche wird mit Splitt und Sand aufgefüllt und mit Platten oder Pflaster belegt. Um einer Vorwärtsneigung der Stellplatten vorzubeugen, sollten sie entweder weit genug in den Boden eingelassen und gut festgestampft oder gleich mit Beton befestigt werden. Stellstufen eignen sich besonders gut zu einer Gestaltung mit verschiedenen Materialien. So lassen sich einfache Betonstelen schön mit verspieltem Kleinstein hinterpflastern, rustikales Holz mit einfachen Betonplatten oder graue Kieselsteinauftritte mit roten Porphyrstellstufen kombinieren – der Fantasie und Machbarkeit sind praktisch keine Grenzen gesetzt.

Nur eine Übergangslösung: die Knüppeltreppe

Weniger geeignet für den Vorgartenbereich sind die den Stellstufen zuzuordnenden Knüppeltreppen aus Holz. Hier werden in senkrecht gestellte Holzplöcke Rundhölzer waagerecht eingelegt und die Trittfläche mit Kies oder Splitt hinterfüllt.
Eine solche Treppe ist einfach zu bauen, sieht rustikal und naturnah aus, hat aber den Nachteil, dass das verwendete Holz bei Nässe sehr glitschig wird und die in der Regel gekiesten Auftritte schwer zu reinigen sind, weshalb abgefallene Blüten, Herbstlaub und Steinchen in Windfang und Wohnzimmer getragen werden.

Inzwischen gibt es fertige Radien zu kaufen, die dann hinterpflastert werden.

Schmiegen sich ins Gelände: Legstufen

Legstufen sind die wohl elegantesten von allen Stufenarten und besonders schön in sanft geneigtem Gelände zu verwenden. Bei dieser Stufenart ruht die Auftrittsplatte auf einer Unterlage aus meist gleichem Material. Besonders leicht wirkt die Treppe dann, wenn die Auftrittsplatte etwas über die Unterlage hinausragt, sodass sie fast zu schweben scheint. Dieser Effekt lässt sich mit Beton- und Natursteinplatten gleichermaßen erzielen. Für eine Legstufentreppe wird zuerst die Unterlage einbetoniert, dann mit Splitt hinterfüllt, gut verfestigt und zum Schluss die Legplatte aufgelegt. Sie muss satt aufliegen,

Stufen aus Granit, mit Kleinstein und Platten kombiniert.

um nicht zu brechen. Eventuell verbinden Sie Platte und Unterlage mit Hilfe von etwas Zement. Auch hier sollten Sie ein leichtes Gefälle nach vorne einplanen, um ein Vereisen im Winter zu verhindern.

Wirken meist etwas nostalgisch: die eleganten Legstufen.

Variationen mit Mauern

Mit Mauern lässt es sich vielfältig gestalten. Ob ein Hang abgefangen, ein Hochbeet oder ein Sitzmäuerchen gebaut werden oder die Treppe an einer Seite mit einer Mauer abgefangen werden soll: Jede Mauer muss auf einem soliden Fundament ruhen und bedarf sorgfältigster Planung und Ausführung.

Schritt für Schritt zur Mauer

Jede Mauer muss ein **Fundament** erhalten, das stabil genug ist, um ein sich Heben und Senken, ein Rutschen oder gar Kippen zu verhindern. Bei niedrigen Mäuerchen reicht es in der Regel aus, den festen Untergrund etwa 30–40 cm tief und etwas breiter als das geplante Bauwerk auszuheben, mit Magerbeton zu verfüllen und auf dieser glatten und festen Fläche weiterzuarbeiten. Dabei

Mäuerchen eignen sich hervorragend als Raumteiler, sind seitliche Stützen für Treppen und lassen sich auch als Sitzmauer oder Pflanztrog bestens einsetzen.

ist zu beachten, dass später, nach Fertigstellung der Mauer, der Betonuntergrund nicht mehr zu sehen sein darf. Beginnen Sie mit dem Bau der Mauer also etwas unter Niveau.

Höhere Mauern und auch solche, die auf nicht gewachsenem, sondern aufgeschüttetem Untergrund gebaut werden sollen, müssen frostfrei gegründet werden, das heißt, ein mindestens 80 cm tiefes Fundament erhalten. Hier sind dann häufig schon die Grenzen des Hobbygärtners erreicht, und es ist manchmal sicherer und letztlich sogar billiger, die Mauer von einem Fachmann erstellen zu lassen.

Lassen Sie Stützmauern, die höher als 80 cm werden sollen, aus Sicherheitsgründen besser von einer Fachfirma ausführen.

Passend zum Weg: das Material für die Mauer

Ob Naturstein oder Klinker in verschiedenen Mustern, Beton ganz glatt oder bearbeitet, ob rustikales Holz oder hypermodernes Metall – jedes Material hat seine Vor- und Nachteile und lässt sich mehr oder wenig gut im Garten verarbeiten.

Natursteinmauern

Kaum eine andere Mauer ist so schön wie eine eingewachsene, mit der Umgebung verwachsene Mauer aus Naturstein. Dabei empfiehlt es sich, möglichst das Steinmaterial zu verwenden, das in der Umgebung natürlich vorkommt, im Maingebiet also den schönen Sandstein und in Niederbayern zum Beispiel Nagelfluh. Selbstverständlich ist dies aber immer von der Gesamtarchitektur des Hauses, eventuell der Umgebung und dem Geschmack der Bewohner abhängig.

Naturstein kann in vielen Varianten verwendet werden. So gibt es gesägte und oberflächenbearbeitete Sandsteine, die, schön geschichtet und verfugt, ein ruhiges, gleichmäßiges Bild ergeben. Es gibt gleichmäßige Bruchsteinmauerwerke aus Schiefer, aber auch Mauern aus runden, nicht bearbeiteten Findlingen oder anderem, nur grob bearbeitetem Steinmate-

Diese robuste Mauer aus Rundlingen ist Heimat für viele Pflanzen und Tiere.

rial. Für welche Art Sie sich auch entscheiden: Jede Mauer wird nur dann schön ausschauen, wenn Sie die Steine nicht kreuz und quer, hochkant und liegend verwenden, sondern, schon ihres Gewichtes wegen, lagernd aufeinander bauen. So entsteht eine natürliche und optisch ansprechende Mauer, egal, wie klein sie sein mag.

Jede an einen Hang angelehnte Mauer sollte mit einer leichten Neigung nach hinten gebaut werden. So wird sie stabiler und hält dem Druck besser stand. Sollen aus den Fugen Pflanzen wachsen, ist es sinnvoll, eine **Trockenmauer** zu bauen. Sie lässt sich ohne Mörtel und Beton aus großen, gut lagernden Steinen aufbauen und bietet Platz für verschiedenste Pflanzen, sowie, lassen wir etwas größere Lücken, Unterschlupf für kleine Tiere.

Eine Mauer im Garten muss nicht immer völlig gerade verlaufen, so mancher orientiert sich an den ungewöhnlichen Kunstwerken von Gaudí und Hundertwasser.

Bevor Sie mit dem Mäuerchenbau im eigenen Garten beginnen, schauen Sie sich doch in der näheren und weiterer Umgebung um und lassen Sie sich von den dort sicher vorhandenen Mauern inspirieren. Auf jeden Fall sollten Sie sich bewusst sein, dass eine Mauer eine sehr dauerhafte Sache ist und deshalb genau bedacht, geplant und ausgeführt sein will.

Warm im Ton: Klinkermauern

Auch eine Ziegelmauer muss frostfrei gegründet sein (siehe Seite 70). Soll Ihre Mauer oder das Sitzmäuerchen unverputzt seine warme Farbe verbreiten, verwenden Sie am besten frostfeste Klinker, die in vielen Variationen aufeinander gelegt werden können. Als krönenden Abschluss bietet sich eine Rollschicht, eine schöne, leicht überstehende Natursteinplatte oder aber – als bequemes Sitzmäuerchen – ein etwas mit Abstand zur Unterlage angebrachter Lattenrost an, den Sie passend zur Umgebung anstreichen und mit einem weichen Sitzkissen bestücken können.

Mit Klinkern lassen sich auch kurvige Formen im Vorgarten ver-

wirklichen. Und besonders dekorativ sieht es aus, wenn Sie das Material in den Torpfosten sowie der Klingel- und Briefkastenanlage wiederkehren lassen. Klinker, aber auch ganz normale Ziegel, speichern Sonnenwärme besonders gut und eignen sich sehr schön als »Rückendeckung« für etwas empfindlichere Pflanzen.

Mediterran: weiß getünchte Mauern

Verputzt oder unverputzt, hoch oder niedrig – eine getünchte Mauer bedarf regelmäßiger Pflege, denn sie wird nur dann attraktiv bleiben, wenn nachgestrichen und ausgebessert wird. Die

Verputzt und bunt bemalt schirmt diese Mauer Lärm und ungebetene Gäste ab.

Oberkante niedriger Mäuerchen lässt sich wie bei den Klinkermauern abschließen.

Einfach selbst einzubauen sind druckimprägnierte Holzpalisaden, die so manchen Hang abfangen können und dem Eingangsbereich einen wohnlichen Anstrich geben.

Preisgünstig sind Betonfertigteile für alle Gegebenheiten zu erhalten.

Sie können das Mäuerchen aber auch künstlerisch gestalten, indem Sie eine bequeme Sitzbank mit Rückenlehne modellieren, Aussparungen für Brunnen und Pflanznischen einplanen, mit verschiedenen Farben experimentieren und sich überhaupt ein wenig von der konventionellen Gartengestaltung lösen.

Mäuerchen aus Holz

Ein Holzmäuerchen können Sie schnell mit Hilfe von Rundhölzern oder senkrecht eingebauten Eisenbahnschwellen gestalten. Dabei müssen die Hölzer so eingegraben werden, dass sich eine Hälfte in, die andere Hälfte über der Erde befindet. Sehr hohe Bauwerke können Sie mit Magerbeton zusätzlich sichern, aber gewöhnlich halten Mäuerchen dieser Bauweise viel Druck und Belastung stand. Soll Erde hinterfüllt werden, können Sie ein wasserdurchlässiges Flies zwischen Holz und Pflanzfläche verlegen; auf diese Weise wird ein Herausschlämmen des Erdmaterials zwischen den Fugen verhindert. Auch eine waagerechte Verarbeitung ist möglich, Sie müssen dann die einzelnen Hölzer jedoch gut miteinander verbinden und gegen Verrutschen und Umfallen sichern.

Maßgeschneidert: Betonfertigteile

In vielen Farben und Formen, von der »Stange« oder nach Maß gefertigt: Betonfertigteile sind eine günstige Alternative. Geschickt und sparsam eingesetzt können sie so manchem Vorgarten ein raffiniertes Gesicht verleihen. Als U- und L-Steine, als Tröge in vielen kombinierbaren Varianten sowie als ineinander verhakbare Fertigteile sind sie im Handel erhältlich. Die Fertigteile werden auf einer etwa 15 cm dicken Schicht aus Magerbeton gelagert und verlieren mit Hilfe umspielender Bepflanzung schnell ihr etwas hart und technisch wirkendes Aussehen.

Pergola, Rankgerüst und Carport

Trockenen Fußes von der Garage zum Haus, kahle Mauern verdecken und vor neugierigen Blicken schützen – dies und vieles mehr lässt sich mit Hilfe von Pergolen, Sichtschutzelementen und Rankgerüsten bewerkstelligen. Auch ein Unterstellplatz für das Auto muss nicht immer technisch abweisend sein. Gerade bei diesen Bauten ist es sehr wichtig, behutsam und einfühlsam zu gestalten. Wie schnell wirkt ein Rankgerüst eher erdrückend als schön, eine Pergola fehl am Platz oder ein Rosenbogen einsam. Hier ist viel Fingerspitzengefühl vonnöten, vor allem auch deshalb, weil es inzwischen sehr viele Fertiggerüste und ganze Wandteile mit Sitzbänkchen, Pflanzkübel und Spalierkombinationen in allen möglichen Farben und Formen gibt. Sehr schnell ist dann der kleine Vorgarten heillos überladen und sieht nach gar nichts mehr aus. Deshalb sollte man sich sehr genau überlegen, ob wirklich jeder Trend mitgemacht werden muss.

Generell gilt: Ob Fertigteil oder individuell gestaltet – jede Pergola, jeder Raumteiler, jeder Torbogen muss einen Bezug zu einem festen Gebäude, einer Mauer, einer hohen Hecke oder einem Zaun haben, um nicht wie verloren im Garten zu stehen.

Wird eine Pergola mit einem regensicheren Kunststoffdach abgedeckt, erweitert sich der Vorgarten um einen auch bei schlechtem Wetter nutzbaren Raum.

damit das Wasser gut ablaufen kann.

Dimensionieren Sie Pergolen und Durchgänge richtig! Eine Pergola sollte zwischen 2,10 m und 2,40 m hoch, mindestens 1,20 m breit und so stabil gebaut sein, dass sie auch stärkerem Wind sowie kräftiger Berankung und dem Kletter- und Schaukeldrang von Kindern standhält. Bedenken Sie, dass Kletterpflanzen Platz brauchen und Ihre Pergola von allen Seiten in Besitz nehmen.

Blickschutz

Regensicher zum Haus

Eine von Kletterpflanzen umrankte überdachte Pergola vom Tonnenhäuschen, dem Eingangstor oder der Garage zum Haus ist praktisch, aber auch gestalterisch anspruchsvoll.
Materialien für die Konstruktion gibt es viele: Vom gemauerten Pfeiler mit Holzpfetten über

Rund- und Kantholzkonstruktionen bis hin zu filigranen Metallbauten ist alles möglich. Und wollen Sie trockenen Fußes in Ihr Haus gelangen, lässt sich eine Bedachung der Pergola aus den verschiedensten im Handel erhältlichen Kunststoff- und Glasteilen herstellen.
Wichtig ist vor allem bei Holzkonstruktionen, dass die Pfosten nicht in die Erde eingegraben werden, sondern auf gut in Beton verankerten Metallfüßen ruhen, damit sie nicht von unten her verrotten. Auch die Pfetten und Auflagehölzer sollen schnell abtrocknen können. Haben Sie ein Dach eingeplant, muss es ausreichend Gefälle erhalten,

Manchmal ist es nötig, zum Nachbargrundstück oder zur Straße hin einen Sichtschutz zu errichten. Zu diesem Zweck sind inzwischen vielfältige Fertigteilelemente aus verschiedensten Hölzern im Handel, die schnell eingesetzt werden können. Aber ob dicht geflochten oder nur als filigranes Lattengerüst – es sollte immer ein Bezug zum Gebäude, einer Mauer oder zu hoher Bepflanzung vorhanden sein. Sehr hübsch, aber teurer sind auch versetzt aufgestellte Steinstelen oder eine Verbindung von hohem Zaun mit aufgesetztem Rankgerüst. Vielleicht finden Sie eine gemeinsame Lösung mit Ihrem Nachbarn.

Achten Sie darauf, tote Winkel und dunkle, unübersichtliche Ecken zu vermeiden, damit Sie nicht den Überblick über den Vorgarten und seine Besucher verlieren.

Begrünte Wände und Rosenbögen

Rankgerüste an der Wand oder freistehende Bögen sind beliebte Gestaltungselemente im Vorgarten. Wählt man die richtigen Kletterpflanzen, lassen sich kahle Mauern zwar auch ohne Hilfsmittel begrünen, mehr Möglichkeiten hat man jedoch, wenn ein Gerüst aus Holz oder Schmiedeeisen oder einfach nur

Weiße Holzstaketen, mit *Clematis* berankt, schützen vor neugierigen Blicken.

Bunte Wicken umspielen diesen filigranen Flechtzaun.

eine Konstruktion aus Spanndrähten den Kletterpflanzen Hilfestellung bietet. Klettergerüste werden mit etwas Abstand an der Wand befestigt, wobei daran zu denken ist, dass auch Sturm und schwerer Bewuchs ausgehalten werden müssen. Dasselbe gilt für frei stehende Rankgerüste wie zum Beispiel Rankbögen über dem Gartentor, durch deren Blätter- und Blütenbogen das Grundstück betreten wird. Die Bauart des Bogens hängt davon ab, wie und aus welchem Material Ihr Gartenzaun gestaltet ist und welche Pflanzen für die Berankung vorgesehen sind. Eckige Holzbögen, die von *Clematis* umspielt werden, üppige Kletterrosen am geschmiedeten Torbogen, ein in Form geschnittener Thujendurchgang am einfachen Drahtgitter geformt – es gibt viele Möglichkeiten, Willkommen zu heißen. Und auch hier gilt: Sparen Sie nicht beim Bau des Fundaments!

Carport – mehr als eine luftige Garage

Ob als Anbau oder freistehend – ein Carport ist in der Regel nicht besonders attraktiv und sollte deshalb begrünt werden. Von der Dachbegrünung angefangen

Bedenken Sie, dass Sichtschutzelemente sehr große Angriffsflächen für den Wind bieten. Lassen Sie sich deshalb gleich beim Kauf über das passende Fundament und die dazu nötigen Teile beraten.

bis hin zum Beranken eingesetzter Seitenteile: Binden Sie den Carport in den Garten mit ein, machen Sie ihn so wohnlich, dass Sie unter seinem Dach bei schlechtem Wetter die Gar-

Ein Scherengitter ist hübsch und bietet Halt für Kletterpflanzen aller Art.

tenparty weiter feiern können, ohne gleich an eine Garage denken zu müssen.

Jeder Carport ist genehmigungspflichtig, das heißt, Sie müssen vor dessen Bau bei der zuständigen Baubehörde nachfragen und einen Plan zur Genehmigung einreichen. Auch die Nachbarschaft muss zustimmen.

Umfriedung und Zaun

Zaun und Gartentor sind prägende Gestaltungselemente.

Hier die richtige Wahl zu treffen, ist schwierig, dazu kommen einengende behördliche Vorgaben. Ob Holz, Alu mit Kunststoff, Schmiedeeisen, festes Mauerwerk oder der völlige Verzicht auf eine Umfriedung – lassen Sie sich Zeit bei Planung und Auswahl!

Sehr schmale Vorgärten in ruhigen Wohnstraßen brauchen meist keine Umzäunung. Eine das Grundstück begrenzende Bepflanzung, ein kleines Sitzmäuerchen, hübsche Pflasterflächen oder eine niedrige

Schnitthecke lassen sofort erkennen, dass hier das Privatgrundstück beginnt.

Sollen jedoch größere, direkt dem Garten angegliederte oder an Straßen und vielbegangenen Wegen gelegene Vorgärten vor ungebetenen Gästen und Blicken geschützt werden, wird man um einen Zaun oder eine Gartenmauer nicht herumkommen. Vorgaben über Höhe und Beschaffenheit sind bei Neubauten meist im Bebauungsplan festgelegt, aber auch für die Erneuerung alter Zäune und Mauern sollten sie, wenn diese in Aussehen und Maßen vom Bisherigen abweichen, mit der Baubehörde der Gemeinde oder des Landratsamtes abgeklärt werden.

Je nachdem, welchen Zweck (Windschutz, Sichtschutz, Schutz vor Eindringlingen, Schutz für die Bewohner) sie erfüllen und welche Wirkung eine Einzäunung auf den Betrachter haben soll, wird der Zaun entweder abweisend, schützend oder leicht und durchlässig erscheinen. Auch sollten Sie mit Ihrem Zaun den Stil des Hauses unterstreichen und bedenken, dass zum Beispiel ein rustikaler Zaun aus waagerechten, naturbelassenen Brettern in einer städtischen Umgebung etwas

Durch diese einladende Gartentüre betritt jeder gerne das Grundstück. Hier sieht man, dass auch völlig verschiedenartige Materialien nebeneinander vorkommen können.

deplatziert anmuten wird, auf dem Land aber durchaus seine Berechtigung haben kann. Nachstehend eine kleine Übersicht über Möglichkeiten, seinen Vorgarten einzuzäunen.

Zäune aus Holz – Schutz seit Jahrhunderten

Hier hat man häufig die Qual der Wahl. Die einfachste Art, ein Grundstück einzuzäunen, bietet der **Staketenzaun,** dessen senkrecht gestellte runden oder halbrunden Hölzer je nach Abstand nahezu blickdicht oder aber leicht und transparent wirken. Lattenzäune können mit und ohne Zwischenraum, hintereinander versetzt, naturbelassen oder farbig gebeizt, gerade oder höhengestaffelt eingesetzt werden. Auch der beliebte Jägerzaun gehört in diese Kategorie und bildet eine weitere Möglichkeit der Grundstücksbegrenzung, die jedoch möglichst nur im ländlichen Raum eingesetzt werden sollte. Zudem ist er nicht ganz ungefährlich wegen seiner spitzen Abschlüsse. Inzwischen gibt es auch sehr hübsch geformte Staketen mit verspielt gesägten oberen Abschlüssen, die besonders als Betonung von Gartentürchen und Einfahrtstor schön wirken.

Waagerechte Zäune wirken manchmal etwas schwer. Leichtigkeit bringen Pflanzen, die auch einmal vor dem Grundstück wachsen und den Zaun verdecken dürfen.

Quer verlaufende Holzbretter
sind eine andere Möglichkeit, den Garten abzuschirmen. Sie wirken meist sehr rustikal, können aber trotz ihrer Lagerhaftigkeit mit verspielter Umpflanzung leicht und luftig

Auch alte Zäune können ihren Reiz haben und in renoviertem Zustand zum Blickfang werden! Ein neuer Anstrich wirkt oft Wunder und ist schnell realisiert.

Besonders im ländlichen Raum weit verbreitet: der Staketenzaun.

erscheinen. Gerade bei dieser Zaunart sieht es sehr hübsch aus, wenn Sie ein wenig von Ihrem Vorgarten opfern, die Konstruktion um 50 cm vom Straßenraum weg in den Garten versetzen und diesen Streifen mit hübschen Stauden, Gräsern und Kletterrosen bepflanzen. Im ländlichen Raum sowie dann,

wenn Sie Ihren Vorgarten nach Art eines Bauerngärtchens gestaltet haben, können Sie auch einen **Flechtzaun** anbringen. Schöne Beispiele dafür finden Sie, wenn Sie mit offenen Augen durch ein Bauernhausmuseum gehen und sich dort Anregungen für ländliche Zaunarten holen.

Leicht und luftig: Metallzäune

Am einfachsten, aber wenig attraktiv sind Maschendrahtzäune. Sie bieten zwar guten Schutz vor ungebetenen Gästen und verhindern auch, dass Kinder und Haustiere auf die Straße laufen, sind aber nur schön, wenn sie sich zum Beispiel in einer Hecke verstecken können. Für die Gestaltung von Eingangstüre und

Zufahrtstor ist der Maschendraht nicht geeignet, hier bietet sich dann Schmiedeeisen an, das sowohl als Fertigprodukt als auch beim Schlosser erhältlich ist, der es gerne auch nach Ihren eigenen Skizzen gestaltet. Lästigem Entrosten können Sie entgehen, wenn Sie feuerverzinktes Eisen verwenden. In klassischem Weiß oder Schwarz gestrichen, fröhlich bunt oder mit exklusiven goldfarbenen Elementen versehen, wird Ihr Zaun die Blicke auf sich ziehen.

Der lebende Zaun – eine interessante Alternative

Eine extravagante Alternative zum herkömmlichen Zaun sind schnell wachsende Weiden, eng in Reihe gepflanzt und im Laufe

Erkundigen Sie sich bereits in der Planungsphase nach den Maßen von Fertigelementen. Danach richtet sich zum Beispiel, wo genau Ihr Zugangsweg beginnen soll. Bedenken Sie auch, dass Zaunpfosten ein frostfrei gegründetes Fundament erhalten müssen, um die Zaunsegmente sowie Gartentürchen und Zufahrtstore zuverlässig halten zu können.

Metallzäune wirken meist sehr filigran und lichtdurchflutet. Ob in der Stadt oder auf dem Land – sie sollten immer von Pflanzen umrankt und in die Vegetation mit eingebunden werden. Verwenden Sie feuerverzinktes Material, um Rosten zu verhindern.

Weidengeflechte treiben willig aus und eignen sich gut als »Lebende Zäune«.

des Wachstums kunstvoll geflochten.

Auch ineinander verflochtene und in Form geschnittene Hainbuchen eignen sich hierfür, sie wachsen zwar sehr viel langsamer, ergeben aber im Laufe der Jahre einen dichten und besonders im Winter viel beachteten Schutz.

Mauern als Einfriedung

Je nachdem, welche Funktion eine Mauer haben soll, wird sie als kleines Grenzmäuerchen oder aber als mannshohe, mit schweren Toren versehene Mauer entstehen.

Kleine Grenzmauern können nach hinten versetzt und gestuft sein, aus Naturstein, großen Findlingen, Betonfertigteilen oder Holzbohlen bestehen. Sie

dienen mehr der optischen Abgrenzung und können zusammen mit einer ansprechenden Bepflanzung eine sehr schöne Alternative zum Zaun bilden. Halbhohe Mauern in Weiß mit Ziegelabschlüssen und hübschen Eisentoren bieten bereits etwas mehr Schutz vor Straßenstaub, verschaffen ein Gefühl von Geborgenheit und verbreiten mediterranen Flair.

Hohe Mauern dagegen haben den Zweck, Lärm und neugierige Blicke abzuschirmen. Sie können aus Beton gegossen und mit vielerlei Strukturen versehen sein, aber auch aus Naturstein, Klinker oder verputztem Ziegel bestehen.

Kleine Durchblicke und Höhenstaffelungen lassen das Bauwerk optisch leichter erscheinen. Und auf der Gartenseite muss eine hohe Mauer absolut nicht abwehrend erscheinen: Mit Hilfe von Mauernischen, farbigen Fliesen, Kletterpflanzen, einem eingebauten Wasserspeier und einer angelehnten Pergola mit Sitzbänkchen ergibt sie einen herrlichen Abschluss für eine Oase der Ruhe.

auf einen blick

- Gute Planung spart Geld und Nerven!
- Verlassen Sie sich nicht auf die Maße im Bebauungsplan, messen Sie besser direkt vor Ort alle wichtigen Längen und Höhen genau nach.
- Übertragen Sie alle Maße maßstabsgetreu in Ihren Plan und berücksichtigen Sie Fertigteilelemente, Zaunsegmente und andere feststehende Größen, weil sich danach Wege- und Platzverläufe richten werden.
- Eine genaue Einkaufsliste verhinfert, dass zu viel oder zu wenig Material eingekauft oder wichtiges Zubehör vergessen wird.
- Ob Sie nur einen kleinen Zugangsweg oder größere Flächen, Treppen- und Maueranlagen bauen wollen: Kenntnisse über Material und dessen Einbau sind unabdingbar. Wie schnell wackeln oder brechen Platten, kippen Mäuerchen oder sind Treppen schlecht zu begehen.
- Größere Bauten wie Pergola, Rankgerüst oder Sichtschutzelemente benötigen haltbare Befestigungen, damit Wind und starker Bewuchs kein Kippen zulassen.
- Carport, Zaunanlagen und Mauern müssen je nach Standort von den Nachbarn bzw. der zuständigen Behörde genehmigt werden.

Die Bepflanzung des Vorgartens

Einfarbig oder bunt, streng oder verspielt, in Form geschnitten oder wild, pflegeleicht oder anspruchsvolles Steckenpferd – ein Eingangsbereich ganz ohne begrüßende Bepflanzung ist kaum vorstellbar.

Gut zwei Quadratmeter reichen für diese Idylle im Vorgarten aus.

Grundlagen einer gelungenen Begrünung

- Bereits bei der groben Planung Ihres Vorgartens haben Sie sicher nicht nur an die Technik, die Wege und Plätze, sondern auch an die Begrünung gedacht. Bald wird sich herauskristallisiert haben, ob die Anpflanzung die Hauptrolle spielen oder sich unterordnen und nur an ein paar wenigen ausgesuchten Stellen die Architektur unterstreichen soll.
- Am besten nehmen Sie noch einmal Ihren Planentwurf zur Hand, legen Transparentpapier darüber und zeichnen den Hausbaum, Rabatten, Hecken

◀ Herbst im Vorgarten: Wilder Wein und Dahlien strahlen um die Wette und begrüßen Bewohner und Gäste mit ihrer Farbenpracht.

und Rasenflächen ein – so, wie Sie denken, dass es funktionieren könnte.

- Sehr wichtig ist, anhand von eigenen Erfahrungen, Büchern und Katalogen zu berücksichtigen, welche Größe und welchen Platzbedarf die Pflanzen nach Jahren haben werden, die Sie in Ihrem Vorgarten wachsen lassen wollen. So kann aus einem kleinen Bäumchen innerhalb weniger Jahre ein großes Schatten spendendes Gehölz werden, aus einem kleinen Rosenstöckchen ein breit ausladender Strauch und aus einem dünnen Ableger ein wuchernder Bodendecker.
- Je nachdem, wie schnell die ausgewählten Pflanzen wachsen und wie groß die Geduld auf ein akzeptables Ergebnis ist, müssen Sie beim Kauf großer oder kleiner Pflanzen wählen und die zu pflanzende Menge entsprechend berechnen.

- Fragen Sie bei ausgefalleneren Pflanzen möglichst eine Weile vor dem geplanten Pflanztermin in Ihrer Baumschule nach, damit rechtzeitig bestellt werden kann und Sie alles komplett einbringen können. Nichts ist ärgerlicher, als später nachpflanzen zu müssen.

Schritt für Schritt zum Pflanzplan

Wie bei der technischen Detailplanung sollten auch die Pflanzflächen möglichst genau aufgezeichnet und die Pflanzen darin verteilt werden. Fangen Sie mit den großen Pflanzen an, die dem Vorgarten ein »Gerüst« geben, also mit Bäumen und üppig werdenden Sträuchern sowie der Hecke. Zeichnen Sie diese ein und berücksichtigen

Rasen

Rankgitter mit Rose

niedrige Polsterstauden

Sonnenstauden, Gräser, Lavendel

Säulen- wacholder

Strauch- rose

Sonnenstauden

Goldregen, darunter bunte Polsterstauden-Tuffs

Rosen, dazwischen Gräser, davor Polsterstauden

Rasen

Pfaffen- hütchen

Heckenrose

Spiraea

Hartriegel

drei Buchskugeln, dazwischen niedrige Rosen, Lavendel, Gräser

Seerosen, Sumpfpflanzen

Terrakotta- Töpfe mit Sommer- blumen

Buchs

Zierkirsche (Hausbaum)

Wilder Wein am Schutzdach

Blauregen für Pergola

Rankgitter mit Efeu und Kletterhortensie

Schatten- stauden

Rosenbogen

Maßstab
1 | 2 | 3 | 4 | m

N

In den Pflanzplan (siehe Seite 11) werden zuerst alle Bäume, Sträucher und Hecken eingezeichnet und mit Namen versehen. Dann folgen die Rabatten mit ihren Bewohnern und die vorgesehenen Kletterpflanzen. Mit Hilfe dieses Planes lässt sich nun eine genaue Einkaufsliste erstellen.

Sie dabei, wie breit die Pflanzen werden können. Auch die zu erwartende Höhe spielt eine Rolle, denn der Schatten wird im Laufe der Jahre immer ausladender werden und mehr und mehr die umgebende Pflanzung beeinträchtigen. Anschließend verteilen Sie die Pflanzflächen für die kleineren Pflanzen, die Stauden und Bodendecker. Nach dieser groben Einteilung können Sie an die genaue Detailplanung gehen. Die Art des Hausbaumes wird festgelegt, die Heckenpflanzen erhalten einen Namen, und für die Staudenrabatte wird ein zusätzlicher Plan erstellt, der jedem Pflänzchen seinen künftigen Platz zuweist.

Hier wäre es besser gewesen, einen durchdachten Pflanzplan anzufertigen.

Ermittlung der Pflanzen- und Zubehörkosten

Nachdem klar ist, welche Pflanzen in welcher Zahl und eventuell Größe im Vorgarten Verwendung finden sollen, schreiben Sie am besten eine genaue Einkaufsliste und errechnen überschlägig, wie viel die Pflanzen kosten werden.
Vergessen Sie bei der Aufstellung nicht eventuell anfallende Kosten für Bodenaustausch, neue Erde und Rindenmulch oder Häckselmaterial.

Schatten ist nicht gleich Schatten

Bei der Planung Ihres Gartens haben Sie Sonnen- und Schattenbereiche (siehe Seite 11) ja bereits berücksichtigt – aber wurde auch beachtet, um welche Art von Schatten es sich jeweils handelt?

Der Platz hinter einer Mauer oder einem Schuppen, der keinerlei Sonne sieht, wird nur mit absolut robusten Schattenpflanzen zu begrünen sein, zumal diese Stelle auch noch entweder nass oder sehr trocken sein kann. Der Schatten unter einem großen Baum, hinter einer Blütenhecke, an einer zeitweise besonnten Mauer oder am Rand einer Pergola ist dagegen sehr viel weniger »hart« und lässt vielerlei Pflanzen, auch fröhliche Frühjahrsblüher zu.

Umwelteinflüsse und Kleinklima

Gerade in städtischen Räumen spielen auch die Umwelteinflüsse eine Rolle. Liegt der Eingangsbereich an einer stark befahrenen Straße, können Autoabgase für manche Pflanzen Probleme bringen. Auch Streusalz kann zum Eingehen empfindlicher Bäume und Sträucher führen. Hier müssen deshalb vor allem die langlebigen und groß werdenden Pflanzen auf die Umweltverträglichkeit hin ausgewählt werden.
Besonders widerstandsfähig gegen Autoabgase und Streusalz sind Robinien *(Robinia)* und Weiden *(Salix),* aber auch Platanen

Ein geschütztes Plätzchen ist der richtige Ort für diesen Wassertrog.

Überlegen Sie, ob Ihr Garten von Anfang an einen »fertigen« Eindruck machen oder erst langsam zusammenwachsen soll. Schöner ist es zu Beginn, wenn nur kleine Lücken zu erkennen sind, aber leider wachsen die meisten Pflanzen so schnell, dass bereits nach kurzer Zeit ausgelichtet und zurechtgeschnitten werden muss. Geschieht dies nicht, wird aus dem Vorzeigegarten des ersten Jahres schnell ein immer wieder umzuarbeitender Pflegefall.

Ist vom Neubau kein Oberboden übrig oder planen Sie einen alten Garten um, so müssen Sie neue Erde anfahren lassen. Rechnen Sie für die zu begrünende Fläche mit einer Erdstärke von ca. 40 cm. Gartencenter und Gärtnereien bieten häufig nur abgepackte Erde an, was für kleine Flächen möglicherweise vertretbar ist. Bei größeren Flächen sollten Sie sich von einer Gartenbaufirma geeignete Erde anliefern lassen.

Zum Thema Farbe

Je nachdem, ob Ihr Vorgarten nach Norden oder Süden, am Hang oder auf dem flachen Land liegt, werden Sie mit anderen Farben und Pflanzenformen arbeiten. So passen zu einem dunklen, schattigen Garten weiße und pastellfarbene Töne, gepaart mit interessanten Blatt- und Blütenformen, Klinkerwege

Blau, Rot und Gelb stehen als Dreiklang im Farbkreis. Diese Kombination ist besonders farbenfroh und passt vor allem zu sonnigen Standorten und hellen Mauern.

(Platanus), Mehlbeerbäume (Sorbus), Linden (Tilia), Roteichen (Quercus rubra) und Baumhasel (Corylus) gelten als robust. Nadelgehölze reagieren allgemein empfindlicher, während unsere gängigen Ziersträucher schädliche Umwelteinflüsse relativ gut »wegstecken«.

Auch das Kleinklima ist in der Stadt häufig anders, wärmer, geschützter als auf dem flachen Land, wo Wind und Wetter ungebremst auftreten können. So gedeihen in der Stadt manchmal auch empfindlichere Pflanzen noch gut: An einer warmen Mauer, in einer geschützten Ecke können Sie mit etwas Glück sogar mediterranes Gewächs kultivieren.

und Porphyrpflaster bringen Kontrast und Wärme ein. Liegt Ihr Garten dagegen südseitig und haben Sie zudem schützende Mauern und Wände als Hintergrund, können Sie ein Feuerwerk der Blüten anlegen, das mit der Sonne um die Wette strahlt.

Farben gezielt verwenden

Manche Farben harmonieren besonders gut miteinander, andere ergeben starke Kontraste. Ähnliches gilt für das Zusammenspiel von Farbe und Form. So lassen zum Beispiel geschwungene, verspielte Linien und Wegeführungen wilde und bunte Pflanzenkombinationen zu, während gerade und streng verlaufende Gestaltungselemente durch ruhige, kontrastarme Blütenkombinationen und extravagantes Blattwerk kühle Vornehmheit erhalten. Durch den gezielten Einsatz von Farben lassen sich also Gefühle wie Wärme oder Kühle auslösen, Explosivität oder Ruhe, Nähe oder Ferne.

Warme Farben (zum Beispiel Rot, Orange, Gelb und alle Mischungen aus diesen Tönen) sind fröhliche Farben. Sie vermitteln das Gefühl von Nähe, und ein Blütenpulk dieser feuri-

Hier wirken pastellfarbene Blüten zusammen und ergeben feine Tuffs.

gen Farben wirkt optisch näher als dieselbe Pflanzengruppe in Blau.

Gemütlichkeit strahlen auch in warmen Farben angelegte Wegeflächen aus: roter Porphyr, Nagelfluh, Sandstein, Klinker, Holz – mediterran, nah und wärmend wirken sie. Und auch das »Beiwerk« darf Fröhlichkeit vermitteln. Goldfarbene Gartenkugeln, Terrakotta-Kunst und die getöpferte Vogeltränke heißen ein freundliches Willkommen.

Kalte Farben wirken oft ein wenig unnahbar, kühl, entrückt. Hierzu gehören alle Blau- und Grüntöne, ich ordne auch Weiß

dazu, obwohl es genau genommen keine Farbe ist und im Farbkreis nicht vorkommt. Durch die Verwendung dieser Farbschattierungen erreichen Sie eine optische Vergrößerung Ihres Gartens. Derselbe Effekt wird mit dem Einsatz kalter Farben für Wege- und Platzflächen erzielt: Grauer Granit, dunkler Schiefer oder kühl wirkender Kies vermitteln Ruhe und Weite. Und Ihr Farbensinn sollte bei den Accessoires nicht Halt machen: Silbrig glänzende oder azurblaue Gartenkugeln, dunkelgrün glasierte Pflanztröge und graue Granitstelen unterstreichen die Wirkung.

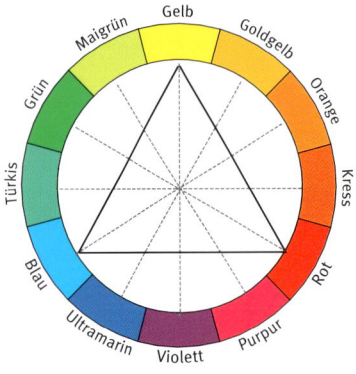

Ein Farbkreis bietet zuverlässige Hilfe
bei der Farbkomposition.
-------- Komplementärfarbe
(stärkster Kontrast)
——— gleichseitiges Dreieck, drehbar
(Farben harmonieren immer)

Saftiges Grün und zartes Weiß dominieren diesen Eingangsbereich, der dadurch
einen sehr natürlichen, fast schon etwas verwilderten Anstrich erhält.

Wie setzt man Farben am besten ein?

Suchen Sie sich eine Leitfarbe,
das heißt, eine Farbe, die als
Blickfang dient und sich wie ein

Aus ruhigem Grün »schießen« knallige
Blütenraketen der *Kniphofia* hervor.

»roter« Faden durch die gesamte Pflanzung zieht. Setzen Sie
diese Farbe an ausgesuchten
Stellen ein – in einem kleinen
Vorgarten vielleicht nur in einer
bevorzugten Blickrichtung –,
und kombinieren Sie mit Hilfe
des Farbkreises die passenden
Farben dazu. Weiß, Silber und
dunkles Grün dienen als optische »Farbtrenner« und Hilfsmittel, um einzelne Farbkomple-
xe besonders hervorzuheben.
Von vielen Pflanzen gibt es auch
Sorten in **Pastellfarben.** Auch
hier können Sie den Farbkreis
zu Hilfe nehmen: Zartes Rot,
weiches Blau und dazu ein de-
zentes Pastellgelb ergeben ein
ganz zauberhaftes Bild.
Bedenken Sie, dass Farben je
nach Ausbildung der Blüte anders wirken. Große Blüten etwa
lassen die Farbe meist kräftiger

und plakativer erscheinen als
dies derselbe Farbton bei kleinen Blütchen tut.

Die beste Pflanzzeit

Am problemlosesten lassen sich
Bäume, Sträucher und Stauden
im Spätherbst oder Spätwinter
pflanzen. Dann stehen die Pflanzen nicht mehr oder noch nicht
in vollem Saft, und es gibt weniger Ausfälle. Frostempfindliche
Pflanzen bringen Sie dagegen
besser im zeitigen Frühjahr in
den Boden. So haben sie Zeit,
im Jahreslauf anzuwachsen und
sich an die neue Umgebung zu
gewöhnen.
Container-Pflanzen sowie Bäume
und Sträucher mit großen Bal-
len können Sie – an schattigen
Tagen – das ganze Jahr über

Runde Formen schirmen den Eingang
von der Straße her ab.

pflanzen. Sie wachsen bei guter Pflege (regelmäßiges Angießen und evtl. anfangs schattieren) meist sicher weiter.

Bäume und Sträucher im Vorgarten

Es gibt kaum einen Vorgarten, in dem nicht das eine oder andere größere Gehölz wächst und manchmal zum alles beherrschenden Bewohner des Gärtchens wird. Planen Sie deshalb sehr genau, informieren Sie sich, ob der gewählte Baum sehr schnell und raumgreifend wächst, ob er einen bremsenden Rückschnitt verträgt und wie gierig sein Wurzelwerk ist. Dasselbe gilt für Sträucher, besonders dann, wenn Sie kleine Grüppchen pflanzen wollen.

Das Thema »Hausbaum« wurde bereits auf Seite 34 angesprochen, hier sollen räumliche und optische Wirkung von Bäumen und Sträuchern behandelt werden.

Laubabwerfende Gehölze wandeln im Laufe des Jahres ihr Gesicht. Im Winter sehen wir in der Regel nur eine relativ kahle Gestalt, die sehr attraktiv sein kann, wenn wir uns für Pflanzen mit ungewöhnlicher Wuchsform, interessanter Rindenstruktur

oder farblich unüblichen Trieben entscheiden. Im Frühjahr fängt es dann an zu grünen und blühen, eine Fülle schönster Blattstrukturen und Blattfarben bringt die Natur in dieser Jahreszeit hervor. Der Herbst lässt prachtvolles Laub regelrecht erglühen, bringt Früchte aller Art. **Immergrüne Gehölze** sind dagegen dauerhafte Raumbildner. Sie verändern ihr Aussehen im Lauf des Jahres nicht – nur wachsen, das tun auch sie, und wenn nicht von Anfang an regulierend eingegriffen wird oder die Pflanze dies nicht zulässt, kann das Gehölz sehr schnell den Garten mehr dominieren als Ihnen lieb ist. Informieren Sie sich also bitte vor der Pflanzenwahl genau über die Eigenschaften und Pflegenbedürfnisse der einzelnen Baum- und Straucharten.

Gestalten mit Formen

- Hohe, schlanke Formen lassen sich auch im kleinsten Garten gut einsetzen, dazu sollten Sie niedrige, runde Formen kombinieren.
- Hochstammgehölze breiten ihren Blätterschirm in größerer Höhe über uns aus, wirken beschützend und lassen einen Durchgang oder eine niedere

Unterpflanzung zu. Wählen Sie je nach Gartengröße eine klein bleibende Kugelform oder einen breit ausladenden, vielleicht sogar mehrstämmigen Baum.

- Immergrüne Gehölze sollten möglichst im Hintergrund oder als Akzent innerhalb einer niedrigeren Pflanzung platziert werden. Eine völlig ohne Bezug mitten im Vorgarten stehende Blautanne wird immer verloren und einsam wirken.
- Sträucher und Strauchrosen können Sie als Solitäre in einer hübschen Gartenecke, als Hintergrundpflanzung oder Hecke verwenden.

Auch hier gilt: in die Pflanzung und das Gartenkonzept mit einbeziehen, nicht einzeln irgendwo im Garten optisch vor sich hinkümmern lassen.

- Wohl überlegtes Akzentsetzen zahlt sich aus – und denken Sie daran, dass besonders bei Gehölzen weniger oft mehr ist.

Rasen, Blumenwiese oder Bodendecker?

Bei kleinen Vorgärten stellt sich oft die Frage, ob die Anlage eines Rasens überhaupt sinnvoll ist. Vor allem wenn es sich um eine Fläche handelt, die selten Sonne abbekommt oder unter einem großen Baum liegt und immer wieder stark vermoost. Hier können Bodendecker eine schöne Alternative sein.

Immergrüne Laubgehölze als **Bodendecker** für schattige Bereiche sind zum Beispiel das Immergrün *(Vinca),* das sehr robuste Dickmännchen *(Pachysandra),* die kriechende Mahonie *(Mahonia)* und die Zwerg-

Bodendecker statt vermoostem, schlecht zu pflegendem Rasen.

mispel *(Cotoneaster)* mit ihren unzähligen roten Beeren sowie der bekannte und beliebte Efeu *(Hedera).*

Sommergrüne Bodendecker gibt es auch, etwa die sehr anspruchslose Brombeere *(Rubus),* Wilden Wein *(Parthenocissus),* der am Boden entlang wandert, Zimthimbeere *(Rubus odoratus)* für großflächige Unterpflanzungen und den kriechend wachsenden Schneeball *(Viburnum opulus* 'Nanum').

Alternativ oder ergänzend dazu überziehen auch **Stauden** wie das hübsch gelb blühende Immergrüne Johanniskraut *(Hypericum calycinum)* und die vielseitige Goldnessel *(Lamium),* duftende Haselwurz *(Asarum)* und die robusten Steinbrech-Arten *(Saxifraga)* den Boden dauerhaft.

Freude mit **Rasen** werden Sie nur dann haben, wenn er wenig beschattet und regelmäßig gepflegt wird. Er wirkt dann wie ein ruhiger Teppich zwischen all den bunten Pflanzen und kann bei geschickter Planung den Vorgarten optisch vergrößern. Verwenden Sie im Handel erhältliche Gebrauchsrasen-Mischungen, die auch häufigeres Betreten nicht übel nehmen.

Gestalten mit Hecken und Formschnittgehölzen

Guten Schutz vor Einblick, Staub und Lärm bietet eine hohe Hecke. Außerdem lassen sich damit verschiedenste Gartenräume gestalten, Beete abtrennen, Blickpunkte schaffen. Es gibt viele Gehölze, die sich als Heckenpflanze eignen. So wird eine dichte grüne Hecke auch im Winter neugierige Blicke verhindern, eine geschnittene Hecke aus Laubgehölzen mehr »Einblick« im Winter aber auch viele interessante Details im Jahreslauf bieten. Eine bunte, frei wachsende Blütenhecke, die zwar viel Platz beansprucht, aber auch bunte Blütenpracht und Raum für allerlei Getier bereithält, kann zur Wahl stehen – die Entscheidung liegt ganz bei Ihnen.

Welche Hecke Sie schließlich auch wählen: Wichtig ist eine gute Pflege und der regelmäßige Schnitt, sonst verkahlen die Gehölze, werden brüchig und erfüllen ihren Zweck nur noch unzureichend.

In Baumschulen gibt es häufig bereits speziell für die Heckenpflanzung gezogene Gehölze, und je nach Größe der einzelnen

In Form geschnittene Topfpflanzen prägen diesen Eingangsbereich. Ruhiges Pflaster in warmen Rottönen und Terrakotta-Gefäße mildern die Kühle der Farben.

Frei wachsende Hecken lassen sich ganz nach dem individuellen Geschmack zusammenstellen.

Brüchige Hecken reparieren?

Existiert in Ihrem Vorgarten bereits eine Hecke, die überaltet oder ungepflegt, zum rigorosen Abholzen aber zu schade ist? Hier bietet sich bei nicht in Form geschnittenen Laubhecken die Möglichkeit, noch gut erhaltene Einzelgehölze stehen zu lassen, diese kräftig ins alte Holz

Pflanze errechnet sich dann der Pflanzabstand.

Zum Pflanzen heben Sie entlang einer gespannten Schnur die Pflanzgrube aus, verbessern bei Bedarf den Boden und setzen dann Ihre Heckenpflanzen ein. Nach etwa zwei Jahren wird erstmals vorsichtig geschnitten, danach jährlich im späten Frühjahr.

Gängige Heckengehölze
Hohe blickdichte immergrüne Hecken bekommen Sie mit Thujen *(Thuja)*, Eiben *(Taxus)* und Fichten *(Picea)*, aber auch Liguster *(Ligustrum)*. Sie alle lassen sich gut in Form schneiden und sogar geschickt miteinander kombinieren. Niedrige, immergrüne Hecken erhalten Sie mit Buchs *(Buxus)*, Berberitze *(Berberis)* und Zwergmispel *(Cotoneaster)*. Für sommergrüne

Schnitthecken bieten sich Hainbuche *(Carpinus betulus)*, Feldahorn *(Acer campestre)* und Heckenkirsche *(Lonicera)* an.

Hecken gliedern sogar kleinste Vorgärten und schaffen geheimnisvolle Gartenräume. Hier sollte bei Anbruch der Dunkelheit auf rechtzeitige Beleuchtung geachtet werden.

Bilden Sie mit Hilfe von Hecken geheimnisvolle Gartenräume, schaffen Sie Durchblicke, die die Neugier auf das Dahinter wecken, benützen Sie halb hohe Formschnitthecken als Gestaltungsmittel und niedrigen Buchs zum Formen von Ornamenten und Einfassungen.

zurückzuschneiden und zum Beispiel neue Blütensträucher dazu zu kombinieren.

Sehr schwierig wird es hingegen, wenn Teile von Thujen- und Fichtenhecken erneuert und ergänzt werden sollen. Hier ist selten ein zufrieden stellendes Ergebnis zu erwarten, denn diese Hecken sind in ihrem Inneren kahl und braun, und wird dann ein Seitenteil entfernt, brechen diese dürren Äste ab

Vor dieser frei wachsenden Blütenhecke hört das Blühen nicht auf.

und die Hecke fällt vollends auseinander. Zwar kann man versuchen, die Lücken mit Hilfe großer Ersatzpflanzen zu füllen, meist sieht dies aber nicht besonders schön aus. Hier empfiehlt sich tatsächlich ein Roden der gesamten Hecke.

Manchmal haben sich die eigene und die Hecke des Nachbarn so miteinander verzahnt, dass das Entfernen einer einzelnen nicht mehr möglich ist. Hier müssen Sie sich mit Ihrem Nachbarn absprechen und eventuell Kompromisse eingehen.

Dürfen in keinem Garten fehlen: die Stauden

Formen- und farbenreich sind die Stauden, Pflanzen, die im Winter einziehen, um dann im Frühling wieder auszutreiben und den Vorgarten das ganze Jahr über mit ihren vielfältigen Blatt- und Blütenvarianten zu verzaubern. Stauden gibt es für jeden Gartenbereich, für sehr schattige bis hin zu voll sonnigen Lagen, sie mögen Trockenheit oder Sumpf, und sie können je nach Ausprägung klein, verspielt, luftig und zartfarbig oder riesig, ausufernd und von fröhlicher Buntheit sein.

Hier einzelne Stauden zu beschreiben, würde den Rahmen des Buches sprengen, deshalb nur ein paar Tipps, wie Sie Stauden richtig und wirkungsvoll einsetzen.

- Achten Sie auf den richtigen Boden: Die meisten Stauden mögen humosen Gartenboden, nur Spezialisten unter ihnen wollen trockene Sand- oder feuchte Moorböden.
- Je nach Wuchsart benötigt Ihre Staudenpflanzung mehr oder weniger Pflege. Große Prachtstauden brauchen hin und wieder eine Düngergabe, wuchernde Bodendecker dagegen nur im ersten Jahr ein wenig Hilfe gegen Unkraut.
- Pflanzen Sie Stauden immer grüppchenweise, hoch werdende Stauden nach hinten oder als »Blickinsel« inmitten einer niedrigen Pflanzung, niedrigere weiter vorne im Beet.
- Bedenken Sie die Farbwirkungen. Wählen Sie ganz gezielt Farbkombinationen, ergänzen Sie beruhigendes Grün, zierliche Gräser oder duftiges Weiß, oder nehmen Sie sich eines speziellen Themas an.
- Stauden haben unterschiedliche Wachstums- und Blühphasen innerhalb des Jahreslaufes. So gibt es sehr früh

Winter ade, das Schneeräumen hat ein Ende, und der Vorgarten erwacht aus seinem Winterschlaf, um alle Bewohner und Gäste des Hauses Willkommen zu heißen.

blühende Stauden, andere, die ihre Blätter erst relativ spät im Jahr aus der Erde schieben, und wieder andere, deren Fruchtstände auch im Winter noch schön sind. Kombinieren Sie Früh- und Spätentwickler, damit das ganze Jahr über etwas wächst und blüht.

- Bis die Staudenpflanzung zusammengewachsen ist, lassen sich kahle Stellen mit einer Sommerblumenmischung ergänzen. Im Frühjahr helfen Zwiebelpflanzen, eventuelle Lücken zu füllen.

Zwiebel- und Knollenpflanzen für Frühling und Sommer

Nicht nur im Frühling, sondern auch im Sommer und Herbst bringen Zwiebel- und Knollen-

pflanzen farbenfrohe Blütenpracht in den Garten: Narzissen, Tulpen, bunte Krokusse, die gelben Teppiche der Winterlinge (*Eranthis*), blaue Traubenhyazinten (*Muscari*) und natürlich die Schneeglöckchen, die allerersten Frühjahrsboten. Sie alle wachsen unter lichtem Gehölz, umrahmen den Stamm unseres Hausbaumes, bilden kleine Inseln im Rasen und beginnen den Reigen im Staudenbeet. Es folgen Kaiserkronen (*Fritillaria*), und im Frühsommer beginnen Lilien (*Lilium*) und Lauch (*Allium*) ihre Farbenpracht zu entfalten. Das Ende des Vegetationsjahres läuten schließlich die Herbstzeitlosen (*Colchicum*) ein, die am Gehölzrand ihre zarten Blüten treiben.

Viele Arten können Sie über Jahre im Boden lassen, sie verbreiten sich und bilden bunte Teppiche.

Bezugsquellen und Adressen

Bezugsquellen

Außergewöhnliche Pflasterarbeiten

Naturgarten
Thomas Fiedler, Garten-
und Hofgestaltung
Dünzelbach 142
82272 Moorenweis
Tel. 08146/7960

Versenkbare Müllbehälter

Bauer GmbH
Postfach 2011
46350 Südlohn
Tel. 02862/709-0
www.bauer-suedlohn.de

Schachtdeckelbeete und Kanaldeckel mit Pflasteraussparung

Garten- und Landschafts-
bau Volbers-Redemann
Chemnitzer Straße 13
49078 Osnabrück
Tel. 05405/94133

Carports mit und ohne Dachbegrünung

Overmann Garagen
Postfach 10376
74889 Sinsheim
Tel. 07261/686900
www.garagen.de

Öko-Dächer, Zäune

re natur GmbH
24601 Ruhwinkel
Tel. 04323/90100
www.re-natur.de

Weiden für Flechtzäune

Freitag & Sohn
Gartenstr. 21
85354 Freising
Tel. 08161/91576

Pavillons, Gewächshäuser

Selfkant Wolters GmbH
Maria-Lind-Straße 40
52525 Braunsrath
Tel. 02452/21782
www.selfkant-wolters.de

Licht im Garten

KANN GmbH
Baustoffwerke
Bendorfer Straße
56170 Bendorf
Tel. 02622/707-0
www.kann-baustoff-
werke.de

Dahlhaus
Heinrichstraße 71–75
58256 Ennepetal
Tel. 02333/79063
www.Dahlhaus-Leuch-
ten.de

Leuchtende Pflastersteine

Micro-electric
Bremer Heerstraße 330
26135 Oldenburg
Tel. 0441/2061-0
www.micro-electric.de

Gartenschmuck und Neuheiten

Country Garden
Versand GmbH
Nagolderstraße 23
72119 Ammerbuch
Tel. 07073/2372
www.country-garden.com

Form und Technik
30966 Hemmingen
Tel. 05101/5071
www.green-collection.de

Gartenzubehör

Ing. G. Beckmann KG
Simoniusstraße 33
88239 Wangen/Allgäu
Tel. 07522/6065
www.beckmann-kg.de

Adressen

Allgemeine Informationen

Bund Deutscher
Landschaftsarchitek-
ten e.V. (BDLA)
Bundesgeschäftsstelle
Köpenicker Straße 48–49
10997 Berlin
Tel. 030/278715-0
www.bdla.de

Zentralverband Garten-
bau e.V. (ZVG)
Godesberger Allee 142
53175 Bonn
Tel. 0228/81002-0
www.g-net.de

Bund Deutscher Baum-
schulen e.V. (BdB)
Bismarckstraße 49
25421 Pinneberg
Tel. 04101/2059-0
www.bund-deutscher-
baumschulen.de

Informationen zu Dachbegrünungen

Zentralverband des
Deutschen Dachdecker-
handwerks
Fritz-Reuter-Straße 1
50968 Köln
Tel. 0221/3980380
www.dachdecker.de

Bundesverband Garten-,
Landschafts- und Sport-
platzbau e.V. (BGL)
Haus der Landschaft
53602 Bad Honnef
Tel. 02224/77070
www.galabau.de

Pflanzbeispiele

Sichtungsgarten
Freising-Weihenstephan
85354 Freising

sowie diverse Garten-
schauen

Stichwortverzeichnis

Seitenzahlen mit * verweisen auf Abbildungen.

Accessoires 23, 85
Acer 35
A. campestre 89
A. palmatum 'Dissectum' 48
A. platanoides 'Globosum' 35
Aesculus hippocastanum 35
Ahorn 35
Akelei 47
Allium 91
Anemone 44
Anlehngewächshaus 18, 21, 30*, 32
Anschlusshöhe 54
Arabis 45
Aralia 44
Aralie 44
Asarum 88
Astilben 27, 45
Aufmaß 53
Autoabgase 83
Azaleen 29, 46*, 47, 48, 49*

Bachkiesel 61*
Bauerngärtchen 51*, 78
Baugenehmigung 9
Bäume 82
Baumhasel 83
Baumschutzverordnung 9, 25
Bebauungsplan 9
Beleuchtung 23
Berberis 89
Berberitze 89
Betonfertigteile 73, 73*, 79
Betonpflaster 61, 61*
Betonplatten 58, 58*
Bewegungsmelder 23

Birke 47
Blasenbaum 35
Blauglockenbaum 35
Blauregen 27, 27*, 28*
Blickschutz 74
Blockstufen 67*, 68, 68*
Blumenwiese 88
Blütenhecke 90*
Bodendecker 24, 41, 45, 63, 82, 88
Botanische Tulpen 47
Brombeere 88
Bruchsteinmauer 38*
Brunnen 24
Buchs 51, 89
Buchsbäumchen 27
Buchshecken 29
Buxus 89

Calluna 46, 47
Campanula 44, 47
Carpinus betulus 89
Carport 73, 75
Carportdächer 21
Catalpa bignoides 35
Cercidiphyllum japonicum 35
Cimicifuga 45
Clematis 44, 75*
Colchicum 91
Corydalis 45
Corylus 83
Cotoneaster 88, 89

Dachbegrünung 17, 21, 22, 75
Dahlie 81*
Daphne 47
Davidia involucrata 35
Delphinium 45
Detailplan 53
Detailzeichnung 68
Dianthus 45, 47
Dicentra 48
Dickmännchen 88
Digitalis 45

Durchblick 18
Durchgänge 14

Echinops 45
Efeu 17, 27, 45, 51, 88
Eibe 45, 89
Einfassungen 14
Einkaufsliste 54*, 82*
Einschichtaufbau 22
Einzäunung 14, 16
Eisenbahnschwellen 64, 73
Elfenblume 45
Elsbeere 35
Enzian 47
Epimedium 45
Eranthis 91
Erica 46, 47
E. carnea 47
Euonymus 47

Fackellilie 48, 49
Fahrradunterstand 21
Fallopia 44
Farbe 15, 84, 85
Farbkreis 84*, 86
Farne 29, 46, 46*, 48
Feld-Ahorn 89
Fichten 89
Findling 16, 31*, 33*, 48, 49*, 79
Fingerhut 45
Flachdach 22
Flechtzaun 75*, 78
Fliesen 62
Formschnittgehölze 88
Fritillaria 91
Frühjahrsblüher 24, 45, 47
Fundament 70, 75
Funkie 27, 45, 46*

Gänsekresse 45
Garagendach 22*, 39*, 40
Garagenzufahrt 56, 57

Gartenräume 15, 15*
Gartenteich 24
Gartenzaun 55
Gaultheria 46
Gefälle 54, 59
Gemüsegarten 51
Gentiana 47
Gerätehäuschen 20, 21, 21*
Ginkgo 53*
Ginster 47, 48
Glockenblumen 44, 47
Goldnessel 88
Granitpflaster 58*
Grasdach 22, 33*
Gräser 47, 48, 49, 49*, 50, 78
Grenzabstand 9, 21
Großpflaster 60, 63
Grundriss 10
Grundrissplan 11*

Hainbuche 79, 89
Haselwurz 88
Hausbaum 9, 9*, 12, 16, 30*, 32*, 34, 34*, 35, 61*, 81, 82, 87, 91
Hecke 15, 17, 55, 78, 81, 82, 88, 89*
Heckenkirsche 89
Hedera 27, 45, 88
Heidegarten 46, 47*
Heidekraut 47
Herbstzeitlose 91
Holzbohlen 79
Holzflächen 63
Holzmäuerchen 73
Holzpalisaden 37*, 72*
Holzpflaster 63, 65
Holzplanken 32*
Hosta 27, 45
Hydrangea anomala ssp. petiolaris 44, 45
Hypericum calycinum 88

Ilex 45
Immergrün 88
immergrüne Gehölze 87

Johanniskraut 88
Juglans regia 35

Kabel 55
Kaiserkrone 91
Kanaldeckel 18, 18*, 21
Katzenminze 49
Kellerfenster 19
Kiefer 47
Kies 14, 48, 49*
Kiesbeet 49
Kiesel 48*
Kieselsteinpflaster 61
Kiesgarten 48
Kiesweg 47, 63, 64, 65*
Kirschlorbeer 45
Kleinklima 83
Kleinpflaster 60
Kleinstein 69*
Kleinsteinpflaster 29, 60, 61*
Kletterbogen 17, 29*
Kletterhortensie 17, 44, 45
Kletterpflanzen 27*, 75*
Kletterrosen 78
Klinker 61, 65,66*, 79
Klinkermauer 45, 72
Kniphofia 48, 49, 86*
Knollenpflanzen 91
Knöterich 46*
Knüppeltreppe 69
Koelreuteria paniculata 35
Königskerze 48
Kräuter 51
Kräuterschnecke 37*
Kräuterspirale 51
Krokusse 47, 91
Krüppelkiefer 48
Kübelpflanzen 31*
Kuchenbaum 35
Kugel-Ahorn 35
Kugeldisteln 45
Kugel-Robinie 29, 35, 56*

Lamium 46, 88
laubabwerfende Gehölze 87
Lauch 91
Lavendel 51
lebender Zaun 79*
Legstufen 41*, 67*, 69*, 69
Lerchensporn 45
Liatris 49
Lichtsteine 24*
Ligularia 46
Liguster 89
Ligustrum 89
Lilien 91
Lilium 91
Linde 83
Lonicera 45, 89
Lungenkraut 46

Magerbeton 57, 60
Magnolia 35
M. stellata 44
Magnolie 35
Mahonia 88
Mahonie 88
Mauern 38, 70, 79
Mehlbeerbaum 83
Mehlbeere, Schwedische 35
Mehrschichtaufbauten 22
Messfehler 16
Metallzäune 78, 78*
Millimeterpapier 10, 53, 68
Mohn 45
Moos 29, 48, 63
Mosaikpflaster 60
Müllbehälter 17
Müllcontainer 17*
Muscari 91

Nachbarschaftsrecht 9
Nachtkerze 49
Nadelgehölze 50, 83
Narzissen 47, 50, 91
Naturstein 57
Natursteinmauern 71
Natursteinpflaster 60

Natursteinplatten 58, 65
Nelke 45, 47
Nepeta 49

Oenothera 49

Pachysandra 88
Papaver 45
Parthenocissus 88
Paulownia tomentosa 35
Pavillon 18, 38*
Pergola 16, 16*, 21, 37*, 73, 74, 74*, 79
Pflanzflächen 18
Pflanzinsel 14*
Pflanzplan 10, 54, 81, 82*, 83*
Pflanztröge 27
Pflanzzeit 86
Pflaster, begrünte 60
Pflasterkombinationen 65
Pflasterstein, leuchtende 24*
Pflastern 59, 60*
Phlox 45
Picea 89
Plankenwege 64, 64*
Planungsfehler 16
Platane 83
Platanus 83
Plattenbelag 57
Plätze 13, 13*
Podeste 20, 40, 67
Prachtscharte 49
Problemzonen 17
Prunus 45
Pulmonaria 46

Quercus robur 'Fastigiata' 35
Q. rubra 83

Rampen 20, 66
Rankgerüst 21, 34*, 73, 75
Rankpyramiden 19*
Rasen 88

Rasenflächen 81
Rasengittersteine 63, 63*
Rasenkante 55
Rasenpflaster 14, 33*
Rhododendron 44, 48, 50
Rittersporn 45
Robinia 83
R. pseudoacacia 'Umbraculifera' 35
Robinie 29, 35, 83
Rodgersie 45
Rosen 18, 45, 50
Rosenbogen 27, 30*
Rosskastanie 35
Roteiche 83
Rubus 88
R. odoratus 88
Rundhölzer 73
Rüttler 55

Saisonbepflanzung 50
Salix 83
Säulen-Eiche 35
Säulen-Ulme 35
Saxifraga 45, 88
Schatten 82
Schattenwurf 12
Schaublüte 46*
Scheinbeere 45
Scherengitter 75*
Schlingknöterich 44
Schlitzahorn 48
Schneeball 88
Schneeglöckchen 91
Schnitthecke 43, 45, 76
Sedum 22, 22*, 63
Seidelbast 47
Sempervivum 22, 22*
Silberkerze 45
Sitzmauern 29
Sommerblumen 28, 50
Sommerheide 46, 47
Sonne 12
Sorbus 83
S. aucuparia 35
S. intermedia 35
S. torminalis 35
Spezialeffekte 16
Spiegel 16*
Spindelstrauch 47

Staketenzaun 77, 78*
Stauden 24, 49*, 50, 78, 82, 88, 90
Stechpalme 45
Steigung 20*
Steigungsformel 67
Steinbrech 45, 88
Steingarten 29, 31
Stellstufen 67*, 68
Sternmagnolie 44
Stiefmütterchen 50
Storchschnabel 46*
Sträucher 82
Strauchrosen 18
Streusalz 83
Stufen 20, 40, 67

Taubenbaum 35
Taubnessel 46

Taxus 45, 89
Terrakotta 50, 62, 89*
Thuja 89
Thuje 51, 89
Tilia 83
Tonnenhäuschen 22, 62
Topfgarten 43*, 49
Topfpflanzen 89*
Tränendes Herz 48
Traubenhyazinten 91
Treppe 38, 40, 66, 67
Trockenmauer 14*, 49, 71
Trompetenbaum 35
Tulpen 47, 50, 91

Überwachungskamera 23
Ulmus minor 'Dampieri' 35
Umgestaltung 24*

Umwelteinflüsse 83
Unterbau 55, 56, 57*, 59*, 68

Veilchen 48
Verbascum 48
Verbundsteinpflaster 61
Vinca 88
Viola 48
Viburnum opulus 'Nanum' 88
Vogelbeere 35

Wacholder 18, 47
Walnussbaum 35
Wasserlauf 39*, 40
Wege 12, 12*, 57
Weide 48, 78, 83

Weidengeflecht 79*
Wilder Wein 17, 81*, 88
Wildsteinpflaster 60
Winterheide 46, 47
Winterlinge 91
Wisteria 27

Zaun 14*, 62, 76, 79*
Zierapfel 35
Ziergräser 63
Zierkirsche 35, 45
Zierpflaume 35
Zimthimbeere 88
Zwergmispel 88, 89
Zwiebelblumen 41, 50
Zwiebelpflanzen 91

Bildnachweis:

Borstell: 1, 2/3, 4o, 4u, 5, 6, 7, 12, 14ol, 14or, 20, 22u, 25ol, 25ul, 26, 32l, 34o, 36, 41, 42, 43, 44, 45, 46o, 50, 51, 52, 56, 66o, 66u, 76, 80, 83or, 85, 86u, 87, 88, 89o, 89u
Fiedler: 13, 14mr, 14ur, 24u, 34u, 40, 53, 57, 58o, 58u, 59, 61om, 62o, 63, 65, 69or, 72o, 75ul, 78um
Fischer E.: 49, 75ur, 78ur, 72u, 73, 81
Micro-electric: 24o
Redeleit: 8, 9, 17, 18, 21, 22o, 29, 32r, 47, 55, 61ol, 62u, 64, 68, 69ol, 71u, 71o, 74, 78ol, 83l, 86o, 91
Reinhard: 15ul, 15ur, 23, 27o, 27u, 28, 46u, 48o, 48u, 69u, 70, 75ol, 77, 79, 84, 90
Seidl: 61or
Thinschmidt: 60

Die Deutsche Bibliothek – CIP-Einheitsaufnahme

Ein Titeldatensatz für diese Publikation ist bei Der Deutschen Bibliothek erhältlich

Grafiken: Manfred Lindner

BLV Verlagsgesellschaft mbH München Wien Zürich
80797 München

© 2001 BLV Verlagsgesellschaft mbH, München

Umschlaggestaltung:
Studio Schübel, München

Umschlagfotos: Borstell

Layoutkonzept Innenteil:
Studio Schübel, München

Lektorat: Dr. Thomas Hagen
Herstellung: Hermann Maxant

Layout und DTP: Satz+Layout Peter Fruth GmbH, München
Reproduktionen: Repro Ludwig, Zell am See

Druck und Bindung:
Druckhaus Neue Stalling, Oldenburg

Gedruckt auf chlorfrei gebleichtem Papier

Printed in Germany ·
ISBN 3-405-16055-3

Pflanzenpracht für Ihren Garten

blv garten plus
Gerda Tornieporth
Buchs im Garten
Das vielseitige Gehölz für Garten und Kübel: über 25 Sorten und ihre Verwendung; Pflege, Formschnitt, Gestaltung – von der Beeteinfassung über das Labyrinth bis zu geometrischen Formen.

Rosa Wolf / Fotos: Ursel Borstell
Gartenpflanzen
Konkurrenzlos gut – das Gartenpflanzen-Handbuch für die Praxis: rund 450 Blumen, Stauden und Gehölze in ausführlichen Porträts, Kombinationsmöglichkeiten und Gestaltungsbeispiele mit Pflanzplänen für typische Gartenbereiche.

blv garten plus
Ulrike Leyhe
Blütenstauden
Die 90 schönsten Stauden und Gräser für sonnige, halbschattige und schattige Beete: Verwendung, Anlage eines Staudenbeetes, Kombinationsmöglichkeiten mit anderen Pflanzen, Einkauf, Pflanzung, Pflege.

Wolfram Franke
Gartenpraxis Schritt für Schritt
Das Basiswissen für die erfolgreiche Gartenarbeit – Schritt für Schritt leicht nachvollziehbar: Boden bearbeiten, Pflanz- und Pflegearbeiten im Nutz- und Ziergarten, Rasen anlegen und pflegen, Pflanzen vermehren usw.

Robert Markley
Ziergehölze für den Garten
Besonders attraktiv, für jeden Garten, überall erhältlich und leicht zu pflegen: die 250 besten Arten und Sorten für jeden Zweck – von Laub- und Nadelgehölzen bis zu Rhododendron und Klettergehölzen; mit wertvollen Praxistipps.

Jutta Korz
Gärten umgestalten
Der Problemlöser: das Praxisbuch zur Garten-Umgestaltung Schritt für Schritt, Vorschläge und Ergebnisse mit konkreten Beispielen vorher – nachher, die Umgestaltung von Teilbereichen, Renovierung ganzer Gärten.